ANCHE SU
ERA UN RIFUGIATO

Le citazioni nel racconto *Dentro la scatola magica* sono tratte
dalla canzone *A banda* di Chico Buarque De Hollanda
© 1966 by Brasileira Moderna Edicoes – Sao Paulo (Brasil)
Italian Sub Publisher: Café Concerto srl
Via G. Revere 9 – 20123 Milano, Italy
All rights reserved. International Copyright Secured.

Progetto grafico, impaginazione e redazione: Studio Noesis

www.battelloavapore.it

Pubblicato per PIEMME da Mondadori Libri S.p.A.
I Edizione 2018
© 2018 - Mondadori Libri S.p.A., Milano
ISBN 978-88-566-6756-1

Anno 2019-2020-2021   Edizione 3 4 5 6 7 8 9 10 11 12

Finito di stampare presso Grafica Veneta S.p.A.
Via Malcanton, 2 - Trebaseleghe (PD)
Printed in Italy

IL BATTELLO A VAPORE

Anche Superman era un rifugiato

Storie vere di coraggio per un mondo migliore

A cura di Igiaba Scego e UNHCR

PIEMME

INTRODUZIONE

di Carlotta Sami
portavoce UNHCR per il Sud Europa

Mia nonna è stata una rifugiata. Ma io l'ho capito solo pochi anni fa. Eppure lei parlava sempre di quando a vent'anni le sono venuti i capelli bianchi per la paura, di quando è scappata dentro a una cassapanca, di quanto era bella la vita prima della guerra. Raccontava in un italiano a volte ancora un po' stentato e dava sempre l'impressione di essere un po' fuori posto; il suo cognome era fatto di quattro consonanti, il suo carattere non era certo più dolce.

Solo adesso, dopo tanti anni, ho ricomposto i pezzi del racconto di mia nonna e mi chiedo se quel continuo oscillare fra diffidenza, sua e degli italiani, e nostalgia non fosse legato alla sua storia di rifugiata - allora si diceva esule.

I rifugiati non sono extraterrestri, o se lo sono (come Superman) sono proprio in tutto e per tutto identici a noi.

Sono donne, uomini, bambini e bambine. La loro vita cambia all'improvviso e tutto quello che fino a pochi giorni prima era normale, all'improvviso non lo è più. Tutte le cose che facevano prima della guerra, della violenza e dell'odio non possono più farle e allora non resta loro che scappare, perché nessuna persona al mondo accetta di morire senza provare con tutte le proprie forze a salvarsi.

Ma siamo noi a dar loro il nome "rifugiati", perché così dice la legge. Quella legge, la Convenzione di Ginevra del 1951, che nacque dopo la Seconda Guerra Mondiale proprio per tutelare chi, come mia nonna, è obbligato a fuggire dal proprio paese per il timore di essere perseguitato per ragioni di razza, religione, cittadinanza o per ragioni politiche.

Un rifugiato non si sente tale. Un rifugiato è una persona in bilico fra disperazione e coraggio.

Essere rifugiati è un'esperienza spaventosa, che può segnarti l'esistenza. Può lasciarti un grande senso di inadeguatezza, un sentirsi sempre fuori posto, e può però darti anche una grande forza, la voglia di ricostruire tutto per te e per i tuoi figli. La voglia di riscatto. La voglia di far vedere che sei una persona in gamba, una persona di talento che può far davvero qualcosa di buono in questo mondo.

Una rifugiata qualche giorno fa mi ha detto: «La paura è il più grande ostacolo per noi».

Ma non intendeva la sua, di paura, bensì quella che gli altri hanno dei rifugiati e delle rifugiate.

La paura impedisce alle persone di conoscersi e di scoprire quanto hanno in comune: desideri, idee, valori, sentimenti. A cominciare dalla paura stessa.

Allora forse possiamo cominciare a sgretolare queste comuni paure come farebbe Superman. Prendendo in mano le nostre vite, compiendo azioni coraggiose eppure semplici come quelle di scambiare qualche parola con un rifugiato, una rifugiata, e i loro bambini, cucinare qualcosa insieme, disegnare, scrivere o giocare insieme ai giardinetti.

O magari leggere insieme questo libro, i grandi con i più piccoli. Un libro in cui scrittori e scrittrici di lingua italiana raccontano storie vere di persone famose del passato e meno famose di oggi.

Tutte persone rifugiate che hanno provato a superare la paura con coraggio mettendosi al servizio dell'umanità.

Proprio come Superman.

GLI UOMINI RONDINE

ILLUSTRAZIONE DI LAURA RICCIOLI

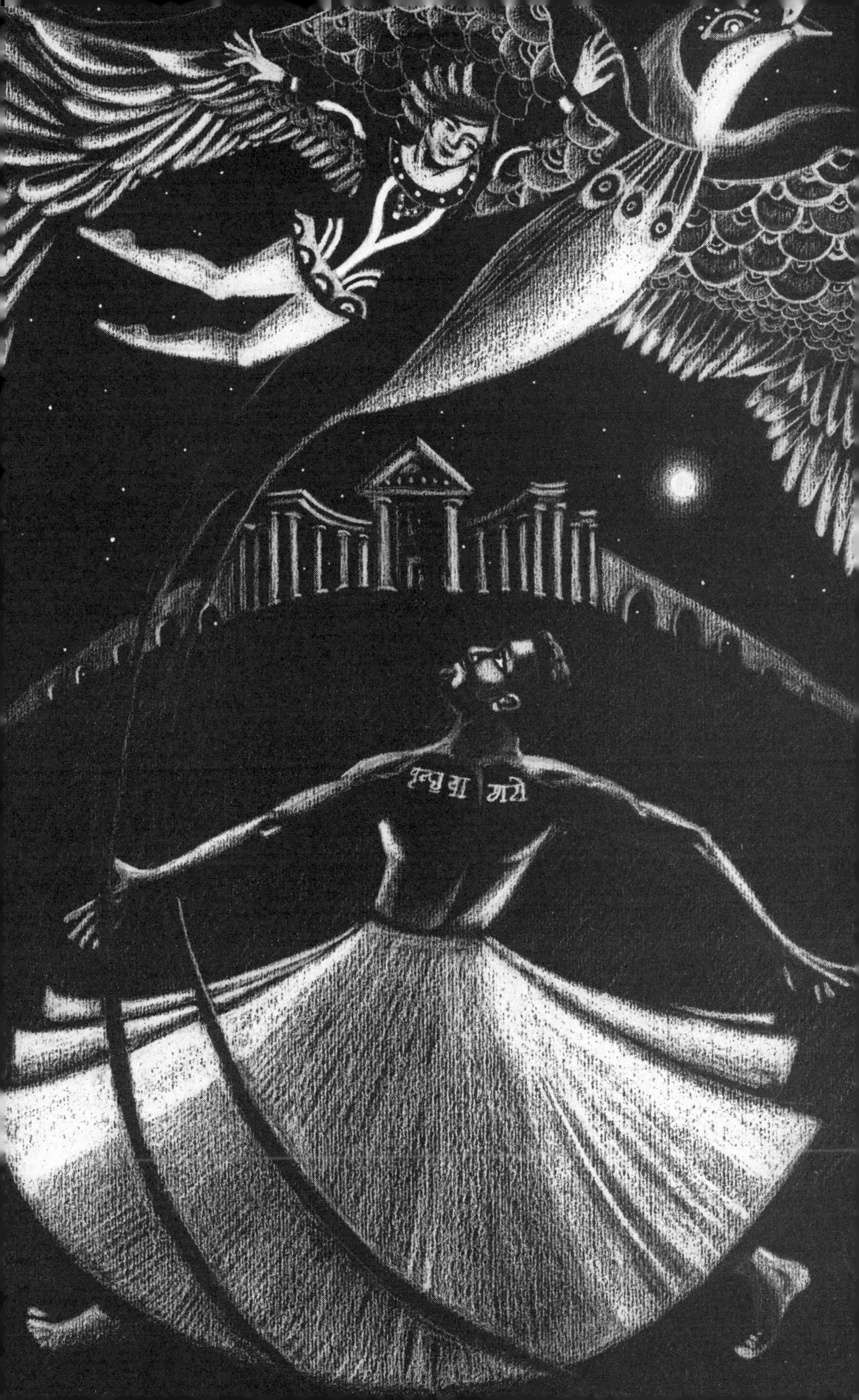

AUTORE: FLORA FARINA
PERSONAGGIO: RUDOLF NUREYEV
RIFUGIATO: AHMAD JOUDEH

Hai presente quando nei sogni sogni di cadere? Cadi cadi cadi e hai paura, cadi cadi cadi e ti passa la paura perché non è più cadere ma volare.

Mi capitava spesso da bambino.

Ho sempre pensato di aver fatto il ballerino per questo, per provare a cadere come nel sogno. L'ho fatto anche per molte altre ragioni, ma forse questa è stata la prima, la più nascosta.

Penso che tutti cerchino di rendere reali certi sogni che di giorno ci scordiamo, o facciamo finta di scordarci.

Insomma, questo sogno che facevo da piccolo mi ha insegnato che poteva valere la pena provare a cadere e vedere se magari riuscivo a volare. Era la danza, la mia danza. Ora mi sembra tutto molto chiaro, ma non è sempre stato così, proprio per niente.

Tempo fa, da grande, mi sfuggivano alcune cose che invece capivo molto bene da piccolo e che afferro, ma con meno certezza, ora che non sono né grande, né piccolo, né vecchio né vivo. E mi è venuto un dubbio, un dubbio sulla mia storia, un dubbio sui sogni e su

una cosa che ho perduto, una cosa dei miei sogni, che non è la caduta, ma una rondine, una rondinella che è sparita dai miei sogni.
   Io mi chiamo Rudolf.

Ha visto una rondine, oggi. Sul tetto, mentre lasciava indietro il braccio e il resto del corpo veniva in avanti a tempo di musica, la rondine ha garrito. *Ahmad!*, ha chiamato. Il braccio è tornato al suo posto, lui ha alzato la testa, ma la rondine era già sparita. Poi si è rivista qualche ora dopo quando i bambini ballavano, gridavano e lanciavano indietro braccia, gambe, dita per poi riprendersele tutti insieme a suon di musica. La rondine era lì, sopra un albero spelacchiato, svolazzava e si posava, garriva ancora, *Ahmad!*, pareva dicesse.
   «Sembra preoccupata per me» ha pensato. «Anch'io sono preoccupato per me, e adesso mi sembra che tutti siano preoccupati per me. Per noi. C'è una guerra qui, e molta gente che muore. Ed è come dice lei... Io mi chiamo Ahmad.»

È una bella giornata, la rondine plana dopo avere volato a lungo. Si poggia su un albero spoglio, sotto di lei un gruppo di bambini gioca a danzare. Sono in tanti, di età diverse, ballano sulla musica che esce da uno stereo male in arnese. Ahmad, il loro maestro di danza, li guida, spiega come lanciare avanti le braccia per poi farle tornare al loro posto con il ritmo giusto, come alzare una gamba e poi saltare a tempo. C'è chi ride, chi cade, chi ci prova con molta convinzione, chi un po' si vergogna ma alla fine lascia andare braccia, gambe e sorriso. Nessuno sta fermo, si divertono. Nessuno si ricorda delle macerie intorno, almeno per quell'ora assordante di danza.

La rondine rimane lì a osservare, ha capito di essere arrivata dove doveva. Non è ben chiaro se sia una rondine vera, ha vissuto molto più del normale, per una parte della sua vita ha abitato nei sogni di Rudolf, un bambino, poi un giovane, infine un uomo coraggioso e appassionato. Lo ha accompagnato in tante notti, in tanti letti e paesi. Ora è sulla Terra, nel mondo, lo stesso mondo che ospita con poco riguardo Ahmad e tutti i bambini che ballano con lui, ma non sa bene come comportarsi, lei, creatura del sonno. Osserva per ora, chiama Ahmad, perché sia chiaro che lei è qui per lui, è l'unica cosa che sa con certezza.

La lezione di danza finisce, il gioco anche, i bambini si salutano in fretta, è l'ora in cui si deve tornare a casa. Via di corsa costeggiando macerie e caseggiati cadenti.

Ahmad prende la strada grande con lo zaino in spalla e il piccolo stereo in mano, la rondine si stacca dal ramo e torna a volare seguendolo dall'alto. Lui cammina in fretta, si volta in continuazione, accelera e scarta cambiando idea e direzione: vuole far perdere le sue tracce. Un innocuo scalpiccio lo fa trasalire e correre, correre, correre tanto che la rondine fa fatica a seguirlo, rischia di non vederlo più in quel dedalo di vicoli. La sua casa è stata distrutta da un bombardamento tempo fa, infatti quando arriva all'incrocio Ahmad tira dritto per poi intrufolarsi in un passaggio stretto e salire all'ultimo piano di una palazzina malandata. Qui c'è la sua nuova casa: una tenda sul tetto. A lui piace molto, perché ha tanto spazio per allenarsi e danzare all'aperto la sera, quando il sole non batte più tanto forte. La rondine si poggia sullo scheletro di un'antenna, lui la guarda.

Non ricordo quando è stata l'ultima volta che la mia rondinella m'è venuta a trovare nei sogni, a dire la verità non ricordo neanche la prima, dovevo essere piccolo. È stata con me per tanti anni, non tutte le notti, ma spesso mi volava nei sogni sfarfallando e battendo le ali, ogni tanto mi faceva paura perché era costretta a volare chiusa in una stanza e cercava di uscire. Una volta mia madre, quando ero ancora piccolo, mi disse: «Sai Rudolf, il giorno in cui sei nato ero appena scesa dal treno e un uccello mi è quasi venuto a sbattere in faccia. Ho sempre pensato che fosse un presagio».

Sono nato su un treno, mamma andava a trovare papà e ci ha portato pure me già nato, anche se non era ancora il momento. Forse aveva ragione mia madre, ed è da lì che è iniziato tutto. Quell'uccello forse era la mia rondinella e magari è entrata nei miei sogni da allora. Mi ricordo che quando ero piccolo, appena un bambino, lei era libera e anche un po' minacciosa, qualche volta attaccava me e mamma ed erano incubi, era irriverente, senza regole, mi piaceva e mi spaventava anche. Poi ho cominciato a sognare di cadere e lei cadeva con me, si scatenava volteggiando come una saetta mentre imparavo a trasformare la caduta in un volo, forse era lei a insegnarmelo. Intanto da sveglio ascoltavo molta musica e un giorno mi capitò d'innamorarmi di una danza. Era Natale, io e mamma avevamo visto un balletto, un ottimo spettacolo. Strano che me lo ricordi ancora così bene. Mentre guardavo pensavo ininterrottamente alla rondinella che cadeva volando, e alla fine mi era venuto anche da piangere. Quella sera credo di avere pensato che ballare era una cosa che non sapevo ancora fare, va bene, ma che mi sarebbe appartenuta per il resto della vita; insomma sarebbe stato il mio modo di stare al mondo e l'ho pensato sempre da allora. E avevo ragione. Eppure... eppure, nonostante tutto, c'è stato chi non se ne è mai convinto.

Attento Ahmad, attento! sembra garrire la rondine mentre scrolla le ali e si sistema sul palo sbilenco dell'antenna.

Avrà davvero detto così? Le rondini mica parlano. Ahmad non sa, non capisce più niente e non è più sicuro di niente. Ha paura, anche oggi per strada c'era qualcuno che lo seguiva, se ne è accorto, l'ha sentito, anche se sono sempre più bravi a nascondersi.

– Sai, piccola rondine, te lo voglio dire, ci sono molte persone che mi cercano per farmi paura, per spaventarmi. Non vogliono che io balli, che insegni la danza ai bambini, ma io lo faccio, lo faccio sempre, anche oggi e domani pure. Vuoi restare con me piccola rondine? Vorresti farmi compagnia almeno fino a domani? Fino a domani. Poi non so – dice ad alta voce Ahmad, alla rondine e a se stesso, per farsi coraggio e riempire il silenzio del pomeriggio che si trasforma in sera e per allontanare la notte e gli incubi, i ricordi.

Mio padre, l'uomo a cui un convoglio della ferrovia Transiberiana aveva portato un figlio nato prima del tempo, non mi ha mai approvato, non voleva che imparassi a danzare. Io lavoravo con lui, nei campi, non avevamo tanto, non avevamo niente, mi spaccavo la schiena come per chiedere scusa se poi me ne andavo, ma io dovevo allenarmi, studiare, ballare. A lui non andava bene, mi ostacolava, litigava, si allontanava da me, alla fine da tutti. La rondine, nei miei sogni, si ritrovò a volare rinchiusa in una stanza.

In lontananza c'è qualcosa che batte quasi a tempo, voci grosse, grida, Ahmad non sa se sono dentro la sua testa o sono reali.

A Damasco, in Siria, dove lui abita c'è la guerra, ci sono persone che combattono per conquistare potere, controllo e ricchezza e lo fanno uccidendo e cercando di uccidere i sogni delle persone. Secondo le loro regole, un maschio, un uomo, Ahmad, non può trovare il suo posto nel mondo ballando. Anche suo padre la pensava così e ha cercato di fermarlo in tutti i modi, con grida, minacce, violenze. E forse quella voce in lontananza è ancora la sua: «Che tu sia maledetto se non la smetti! Che tu sia maledetto!». Ma lui non aveva mai smesso, doveva allenarsi, studiare e ballare; e infatti è ancora qui che si allena e balla, e così farà anche domani. Non conosce altro modo di stare al mondo. Suo padre alla fine se ne è andato, i signori della guerra no, loro lo seguono ancora. La rondine inizia a capire perché è uscita dal mondo dei sogni per piombare nella realtà di questo giovane ballerino che domani ha deciso di danzare nella città distrutta, nel teatro antico in cui settimane prima molti esseri umani, insieme ai loro sogni, sono stati uccisi.

Ho studiato e sono diventato bravissimo. Mio padre era lontano, io crescevo senza di lui e diventavo un ballerino veloce, potente. La rondinella accompagnava il mio sonno, le cadute diventavano volo anche da sveglio.

– Domani, piccola rondine, se vorrai vedermi ballerò dove prima c'era un teatro e ora ci sono delle rovine, ballerò e tutti mi vedranno. Sono diventato bravo, sai? Ho studiato tanto, tra grida, inseguimenti e macerie. Ballerò, e poi non so. Potrebbero prendermi, catturarmi oppure no, e arriverà il momento in cui dovrò arruolarmi per fare il soldato, ma io non so combattere, anche se i miei nemici li odio, so combattere solo ballando. Che cosa succederà dopo, mia piccola rondine amica? –. Ahmad piange, ha paura, chi lo insegue vede in lui un pericoloso esempio di libertà, ma lui invece si sente prigioniero, solo quando balla le cose vanno meglio, è per questo che non può smettere né lasciare quei bambini. La rondine gli zampetta intorno, cinguetta il suo nome. Ahmad ha deciso di combattere così.

Domani ballerà tra le rovine del teatro antico di Palmira facendosi riprendere e guardare da chi vorrà esserci e osservare.

In Unione Sovietica, il mio paese, ormai ero una stella. Tutti volevano che danzassi, sì, ma io non gli piacevo: la mia personalità, l'irrequietezza e il dubbio che mi accompagnavano erano una vergogna.

Pretendevano un bravo ballerino e un uomo spento e obbediente. Non ne ero capace. Sapevo saltare e rallentare gli attimi, sapevo allargare lo spazio per muovere meglio i piedi, sapevo contare con precisione e mescolarmi alla musica, ma non sapevo essere diverso da com'ero. E a loro non andava bene, così hanno iniziato a controllare me, i miei amici, le mie notti: ovunque io guardassi vedevo un'enorme faccia severa che serrava gli occhi e mi minacciava. E per te, rondinella, era sempre più difficile volare nei miei sogni, ti dibattevi, ti ferivi contro le spesse pareti che ti tenevano rinchiusa, stavi male.

– Dimmi, piccola rondine, chi hai conosciuto prima di me? Al fianco di chi sei stata prima di incontrare quest'uomo impaurito che non sa fare altro che ballare? Che per ballare sfida il potere dei forti e si ritrova, senza volerlo, simbolo di coraggio?

Il coraggio. Non so se ho mai avuto coraggio. Forse lo ebbi una volta, rondinella, per salvare te e me e farci uscire dalla stanza buia in cui ci avevano rinchiuso.
   Io, primo ballerino in tutti i teatri, potevo uscire dal mio paese solo con permessi speciali, come tutti. Quella volta i permessi erano arrivati: si andava a Ovest, noi, i più bravi ballerini dell'Unione Sovietica, ci saremmo esibiti in Europa.

Ho visto Parigi, ho volato sui palcoscenici dei teatri e di notte per le vie della città. Per la prima volta iniziavo a sentirmi intero. Lo spazio si allargava da solo, era mio e per me anche quando non ballavo, non c'erano gli occhi di mio padre e dei potenti a giudicare irrequietezza e dubbio. Non ti sognavo più rondinella, dormivo poco, lavoravo tantissimo, ballavo e festeggiavo rumorosamente quella strana libertà.

Prima dell'ultimo spettacolo, il più importante, qualcuno ha deciso che sarei dovuto tornare nel mio paese e ricominciare a nascondermi. Mostrarmi così intero era stato troppo, il mio paese doveva punirmi. Mentre ero all'aeroporto con la compagnia di danza, due guardie si sono avvicinate. «Tu, devi tornare. Ti aspettano a casa per una cosa importante.»

«Perché solo io?» ho provato a chiedere, ma quelli non rispondevano. Allora, forse, ho avuto coraggio e sono scappato. Sotto gli occhi di tutti, sono corso via e mi sono consegnato alla polizia dell'aeroporto di Parigi. «Voglio restare qui, sono un perseguitato politico, non voglio più tornare nel mio paese» ho detto ai poliziotti. «Sono Rudolf Nureyev e voglio asilo politico.» È così che sono stato coraggioso, ti ricordi rondinella?

È mattina, Ahmad balla, domani è arrivato e in molti sono venuti a vederlo. Alcuni amici lo riprendono e mandano il filmato in rete. Con uno scarto di pochi secondi tutti possono vedere Ahmad mentre lancia le braccia a sfiorare le colonne cadute, salta per dare nuovo respiro ai capitelli intarsiati, cinge le macerie come fossero fragili ballerine, per poi riprendere tutto se stesso e salutare chi non può più vederlo, chi è caduto sotto l'attacco di proiettili o di bombe. È chiaro che Ahmad ora non ha paura, anche se tra quelli che guardano c'è chi lo cerca, chi vorrebbe rinchiudere il suo corpo e il suo sogno. La rondine vola sopra la sua danza e raccoglie la sua domanda: – Che ne sarà di me, poi?

Non è stato facile, poi, dopo la fuga. Il coraggio è un momento, poi c'è l'abitudine, la vita, la nostalgia. Non è semplice vivere sempre interi, alla fine non sai mai bene cosa significa, ci si confonde. Ero intero, allora, lontano dal mio paese? Da mia madre? Non ci sono risposte perché essere interi è solo una spinta. Ho vissuto, continuando a fare quello che sapevo fare. Non so se avrei avuto lo stesso coraggio, rondinella sperduta, senza la danza. Così è stato. Così sei tornata a volare nelle mie notti con qualche acciacco, qualche muro sempre da evitare.

– È bello che tu sia qui, mia rondine amica, a vedere forse l'ultima danza della mia vita. Mi prenderanno, lo so. È una sfida troppo grande e io non so fare altro che ballare.

Ahmad torna a casa. È seguito, braccato. Corre per i vicoli, chi c'è che lo insegue? Uno, due, cento uomini? Perde l'orientamento, prende una svolta sbagliata, non riconosce più la strada, non vuole lasciare nessuna parte di sé in queste vie, ma non sa dove andare. Alza gli occhi, la rondine è là nel cielo, torna a casa, lui la segue, lei lo accompagna.

Ma tu, quando torni da me, rondinella?

I giorni passano troppo lenti, troppi occhi stanno nascosti a guardarlo.

Ahmad pensa che non ce la farà. Anche la sua rondine vuole scappare, lo capisce, ma lui non sa indicarle la strada. Poi una mattina squilla il telefono.

A casa di chi sei andata? Nei sogni o nella vita di chi sei entrata? Vorrei tanto sentirti raccontare, rondinella.

Ahmad risponde al telefono con la voce di un uomo rinchiuso da anni in una cella. Invece è qualcuno che vuole aiutarlo.

Pochi giorni dopo è su un aereo. Prima di salire è andato a salutare i suoi ragazzi. Erano felici per lui, li ha baciati e ha detto loro di non smettere di far danzare i sogni. Poi ha visto sua madre, non voleva lasciarla. Lei ha riso, lo ha baciato e accompagnato alla porta. – Se parti tu è come se salvassi un poco anche me. Vai.

Ahmad è diretto ad Amsterdam dove lo aspetta una scuola di danza, una casa, una città sconosciuta. Lì hanno visto la registrazione del suo spettacolo tra le macerie e hanno voluto conoscere chi a quelle macerie aveva saputo restituire un po' di vita. Lo hanno cercato e chiamato regalandogli la possibilità di un biglietto aereo per studiare danza, al riparo finalmente da tutto. Sulla pista, prima che l'aereo decolli, Ahmad vede la sua rondine. *Buona fortuna*, garrisce, poi si alza in volo per tornare a casa.

Sei tu? Sei tornata rondinella! Racconta allora, su racconta.

UNA NUVOLA FATTA DI NOTE

ILLUSTRAZIONE DI FABIO VISINTIN

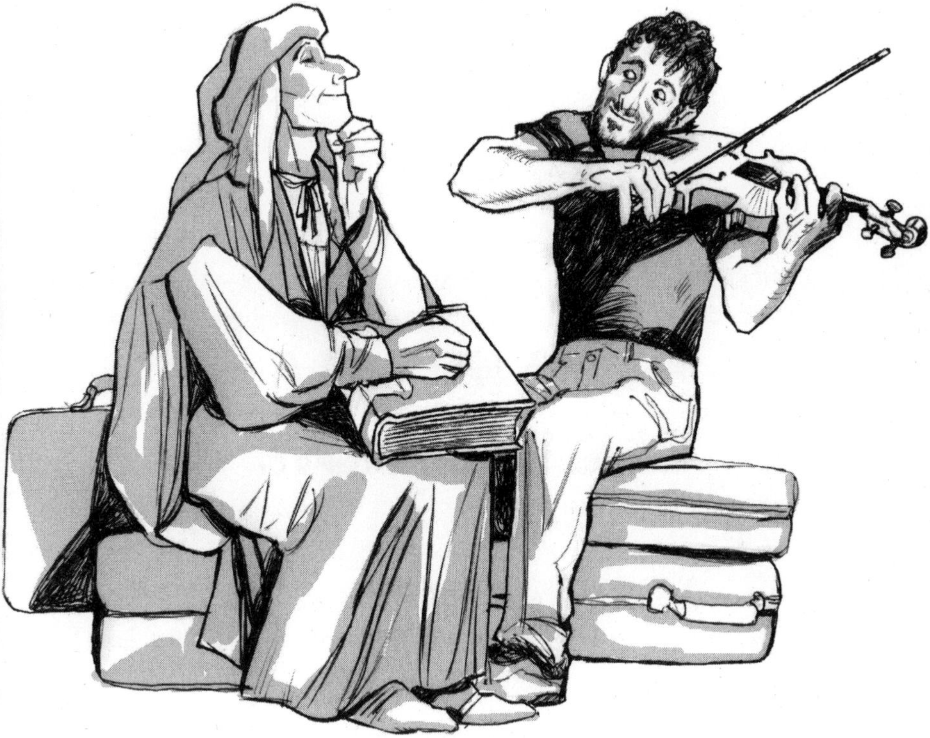

AUTORE: PAOLO DI PAOLO
PERSONAGGIO: DANTE ALIGHIERI
RIFUGIATO: ALAA ARSHEED

Che la dolcezza ancor dentro mi suona.
Dante, *Purgatorio*, II

Una delle cose più belle che possano capitarti nella vita è ritrovare un amico che avevi perso di vista. Soprattutto se con quell'amico hai passato dei bei momenti, ti sei divertito un mondo e hai fatto un patto per la vita. Soprattutto se quell'amico è uno che sa suonare e cantare. Avere un amico musicista è un gran vantaggio, capita che improvvisi dei piccoli concerti per te: tu sei il pubblico, sei uno ma sei mille. L'amicizia funziona così. E la musica crea legami speciali: con una voce che canta, uno strumento che suona, ogni nota si incolla a un'emozione. Un *do* si incolla a una sorpresa, un *re* è come un regalo, un *mi* diventa mio, un *fa* fa cominciare qualcosa, un *sol* tiene compagnia, un *la* corre fino a qui, un *si* non si dimentica. Per questo la prima cosa che ti viene da fare, se incontri dopo tanto tempo un amico musicista, è chiedergli di suonare e cantare. "Canta come sapevi fare! Canta e ogni mia preoccupazione sparirà in un attimo!"

Ma Alaa sta già cantando, quando per la strada di una città straniera a entrambi, di fronte alla vetrina di una libreria, passa il suo amico Moosa. Sta canticchiando, anzi, tra sé e sé, e una nota (proprio un *re*, per la precisione) gli si ferma in gola. Non riesce a credere ai suoi occhi, a ciò che vede nel riflesso della vetrina: – Moosa, sei proprio tu? Qui?! Ma che ci fai tu, qui?!

E Moosa è ugualmente stupito, sono almeno cinque anni che i due amici non si vedono, da quando Alaa aveva lasciato la loro città per trasferirsi a Beirut. La loro città, e poi Beirut... e ora si ritrovano qui, sul corso principale di una città del nord Italia; quanti chilometri saranno, qui, da casa?

– Saremo... saremo almeno a millecinquecento chilometri da casa! – esclama Alaa. E Moosa lo corregge: – Sono più di duemila amico, sono più di duemila.

Alaa e Moosa sono cresciuti assieme in una città antica, dove l'antico era stato coperto da molto cemento. Insieme, da bambini, andavano spesso per le strade a cercare i segni di altre epoche (qua un arco dimenticato, lì una colonna scampata...), a cercare le storie di chi li aveva preceduti, per poi correre a casa: Moosa chino sui suoi amati libri, Alaa ben dritto con il violino sotto il mento e l'archetto nella mano destra. Oppure correvano appena fuori dalla città, dove sterminati si stendevano i campi di mele, gli alberi di fico, i vigneti... Quante volte avevano rubato la frutta, ridendo, per poi rivenderla un'ora dopo al mercato vecchio, per poche monete, che poi usavano per entrare al museo appena inaugurato, per spiare Diana sorpresa al bagno da Atteone, Venere nella sua toeletta.

Per un periodo, da ragazzi, prima che Alaa decidesse di partire per Beirut e Moosa riuscisse a scappare dal loro paese già martoriato da un conflitto assurdo, i due amici avevano collaborato alle serate del caffè-galleria dei genitori di Alaa, un luogo unico, un centro culturale libero. Ogni sera si poteva ascoltare buona musica (spesso era proprio quella del violino di Alaa e dei suoi fratelli), vedere una mostra di fotografia, ascoltare la lettura pubblica di un libro... Lo stesso Moosa aveva letto per i clienti del locale, la prima volta un suo racconto, la seconda, la sera prima che Alaa partisse, alcune sue poesie fino a quel momento rimaste segretissime, tanto per lui erano imbarazzanti quei suoi componimenti, personali e intimi.

– E pensare che proprio quei versi mi hanno condotto qui, dove ora ti ritrovo – racconta Moosa ad Alaa, nel bel mezzo di una città ancora semi-sconosciuta a entrambi, dove entrambi sono *rifugiati*. – Quei versi hanno reso necessaria la mia fuga dal nostro paese, ma sono stati condivisi sulla rete, sono stati letti, apprezzati, hanno cominciato a circolare, e sono stati raccolti, tradotti, pubblicati nella lingua del luogo in cui ci troviamo ora, l'Italia.

È allora che Moosa racconta ad Alaa che quell'antico imbarazzo non lo hai mai abbandonato, tanto più adesso che deve incontrare persone che parlano una lingua che lui non capisce, nobile e antica come la loro, ma sconosciuta. E gli racconta pure che questa lingua, l'italiano, ha un padre che si chiama Dante, un nobilissimo padre dalla storia fantastica come le leggende della loro terra. E gli narra un episodio dell'opera di Dante, che a Moosa ricorda tanto l'incontro fortuito di qualche minuto fa.

Nell'episodio che Moosa racconta c'è Dante che quasi grida, mentre va incontro al suo amico ritrovato. È in viaggio da parecchio, è stanco e anche un po' impaurito: il suo è un viaggio strano e imprevedibile. È cominciato un bel giorno, anzi un brutto giorno, quando Dante si era ritrovato in mezzo a un bosco, dopo aver perso la strada. Arrivato ai piedi di un colle, si era imbattuto in tre beste feroci a sbarrargli la strada. Per fortuna, in suo soccorso, si era precipitato una specie di zio saggio, un altro poeta, e lui si era sentito un po' più coraggioso.

– Ci vorrebbe un sacco di tempo per raccontare tutti gli incontri di quello strano e lunghissimo viaggio – dice Moosa. – Stavolta posso dirti che si trattava di gente famosissima, imperatori, papi, uomini potenti; e che però Dante non si è mai emozionato tanto come quando ha ritrovato il suo vecchio amico musicista chiamato Casella. Immaginali, Alaa: i due quasi si corrono incontro per abbracciarsi. A volte, nel passato, era accaduto che Casella avesse messo in musica le parole di Dante. Il poeta scriveva le parole, il musicista sceglieva le note. Una ragione in più per sentirsi amici: indivisibili, proprio come la musica e le parole di una canzone. In comune, Dante e Casella avevano anche l'amore per la stessa città: Firenze, uno dei posti più belli del mondo, uno scrigno magico attraversato dal fiume Arno. All'epoca di Dante, circa sette secoli fa, arrivava a Firenze gente da ogni luogo del mondo; artisti e mercanti la rendevano ricchissima di opere d'arte, nascevano di continuo nuove chiese e cattedrali, grandi e magnifici palazzi, nuovi ponti sul fiume, che nelle giornate serene scintillava come una lastra d'oro. Dante, ritrovando Casella, sente anche un po' di tristezza, perché sono lontani dalla città che entrambi amano, e che sono stati costretti a lasciare, proprio come noi – conclude Moosa.

Alaa si sforza di non piangere. Gli manca il suo paese; gli manca la sua famiglia: i genitori che hanno dovuto chiudere il locale e si sono addirittura armati, i fratelli che alle volte riesce a vedere tramite un computer... e allora si mettono tutti a suonare, a fare un concerto a distanza; gli manca come risuona la sua musica per le strade della sua città; gli mancano gli amici.

Apre la custodia, vuole suonare una musica per la storia che gli ha appena narrato Moosa. Già, Moosa, come gli manca. Qualche minuto fa, Alaa stava canticchiando, davanti alla vetrina di una libreria: devono essere stati i libri a fargli venire in mente Moosa, a farglielo vedere - immaginare! - nel riflesso del vetro. Moosa che aveva letto le sue poesie la notte prima della fuga a Beirut di Alaa; Moosa, che non sapeva che l'amico se ne sarebbe andato senza neanche salutarlo; Moosa che non ha mai pubblicato le sue poesie, che non è mai stato letto, apprezzato e tradotto, che non ha mai visitato l'Italia, che non ha mai saputo di un poeta chiamato Dante e di come, provando a stringere fra le braccia l'amico musico Casella, tre volte si era ritrovato ad abbracciare il nulla, il vuoto, o semplicemente se stesso: perché Casella era una specie di fantasma, o comunque un ricordo, un'immagine senza corpo. Come Moosa, di cui si sono perse completamente le tracce, e con lui di tanti altri, nella terra da cui Alaa è venuto via.

Violino sotto al mento, archetto nella mano destra, un *do* si incolla a una sorpresa, un *re* è come un regalo, un *mi* diventa mio, un *fa* fa cominciare qualcosa, un *sol* tiene compagnia, un *la* corre fino a qui, un *si* non si dimentica - ed ecco che Moosa per un attimo pare correre incontro ad Alaa... Inutile abbracciarlo: è una nuvola fatta di note, un gomitolo di versi.

SEMPRE TI MANCHERÀ

ILLUSTRAZIONE DI TIZIANA ROMANIN

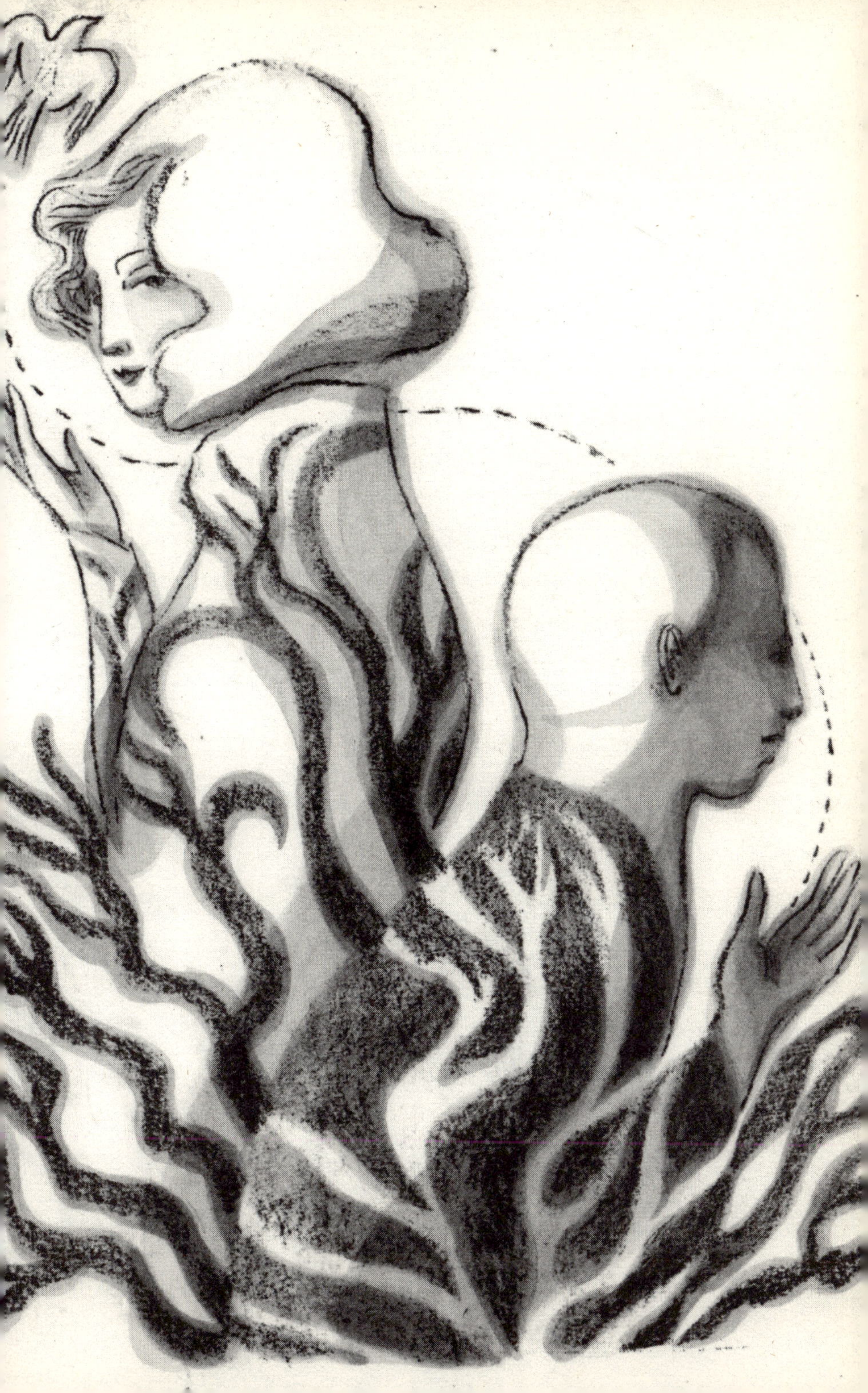

AUTORE: PATRIZIA RINALDI
PERSONAGGIO: MARLENE DIETRICH
RIFUGIATO: MOHAMED KEITA

*Tutta la terra è fatta per l'uomo
ma il posto in cui sei nato sempre ti mancherà.*

Mohamed Keita

La nostalgia è nelle mie tasche. La toccherò ogni volta che le mani troveranno qualcosa che cercano, ogni volta che non la troveranno.

Andarsene è brutto, ma a volte non c'è altro da fare. Semplice. Io non ho avuto altra scelta a quattordici anni. E sono andato via dalla terra che per sempre mi mancherà.

Che poi quattordici anni sono pochi rispetto a una vita intera, sono tanti per conoscere la guerra. Ma sono sicuro che anche cento anni di vecchiaia sono pochi per conoscere la guerra: è un mostro che nessun uomo, di nessuna età, è pronto a conoscere. Semplice. È così facile da capire, ma sembra una cosa difficile, difficilissima, soprattutto per chi la guerra la fa o per chi fa affari di ogni tipo con lei. Con la guerra, dico. *La guerra serve solo a portare sofferenza alle persone che non hanno niente, solo disagio. Purtroppo sono quelle le persone che pagano il danno della guerra.*

Fa gola il controllo delle ricchezze.

A me il controllo del mercato è stato spiegato così: immagina un campo fertile, dove sbucano da soli pani e frutta e *attieké* e pesce e pollo. C'è chi vorrà qualcosa del campo per sopravvivere, chi condividerà il cibo con altri in piatti abbastanza larghi. Ma ci sarà anche chi si ubriacherà di dominio e vorrà l'intero campo tutto per sé, o vorrà dirigere gli acquisti al prezzo preferito, nel modo più utile per diventare molto ricco.

La mia terra è bella e generosa, la nostalgia me la rende ancora più splendente di profumi, colori e canti.

Ma su tutta questa patria a cui io appartengo è piovuta la guerra.

La guerra che ho conosciuto io ha deciso di abitare la mia terra, la Costa d'Avorio, ha deciso di prendersi mia madre e mio padre, ha stabilito per me la fame e la sete, ha deciso che i miei piedi dovevano mettersi in viaggio, ha deciso che avrei dovuto per sempre fare i conti con la nostalgia.

Nel 2006 ho lasciato il capoluogo delle Montagne, che si trova vicino al confine della Liberia, ma non sapevo che il viaggio sarebbe durato tre anni.

Ogni volta che vedo foto di pubblicità di viaggi ci penso. Penso alla differenza tra fuga e viaggio, ai lavori che ho dovuto fare, alle rapine che ho dovuto subire, al terrore che non è certo una buona compagnia di avventura, all'ignoto. *Perché del posto in cui vai non sai nulla di ciò che troverai.*

Quando sono arrivato in Algeria, *mi sono dovuto fermare per guadagnare un po' di soldi facendo il muratore o il contadino*. E là ho conosciuto Marlene Dietrich, l'angelo azzurro. Certo, non l'ho conosciuta di persona, anche perché lei è morta il 6 maggio del 1992 e io sono nato nel 1993, quindi incontrarla sarebbe stato un po' difficile, ma invece Heinrich era vivo e vegeto, anche se di "tardiva gioventù", come diceva lui, e di Marlene Dietrich sapeva tutto. Ma proprio tutto.

È andata così. Era stato un giorno buono, uno di quei giorni che pare che il destino felice si ricordi di te. Avevo tirato su un po' di soldi. A fine giornata, un uomo mi ha chiesto di aiutarlo a trasportare delle casse pesanti in un camioncino.

– Non ce la faccio più, ho già montato e smontato tre carichi. Sono stanco. Mi aiuti? Ti pago bene.

L'ho guardato e ho riconosciuto il suo sfinimento.

– Non preoccuparti, – gli ho detto – faccio da solo, tu riposati un po' perché mi sembri molto stanco.

Quando ho sollevato l'ultima cassa, ho trovato un rotolo di soldi. Dico la verità, non è che non abbia pensato di tenerli per me, ma l'uomo che mi aveva offerto il lavoro era gentile e vecchio. Se alla sua età doveva ancora montare e smontare carichi da solo, non potevo mettermi anch'io a rubargli soldi e riposo. Così gli ho dato il rotolo di soldi e gli ho detto dove li avevo trovati. Lui si è commosso, ma proprio con le lacrime in faccia, e mi ha dato una ricompensa che corrispondeva a più di un mese di lavoro.

Ma il bene e il male stanno vicini, si sa. Inutile fare finta di no. Dopo il bene si è presentato il male. Due ragazzi e due coltelli mi hanno affiancato. Mi avevano visto prendere i soldi. Si sono messi uno a destra e uno a sinistra e mi hanno circondato le spalle con le loro braccia grandi, come se fossero amici che non vedevo da tempo. Mi hanno portato in un luogo sperduto e mi hanno riempito di botte, perché io volevo ragionare. Dicevo: «Almeno facciamo a metà». E giù botte. «Almeno lasciatemi qualcosa per mangiare.» E giù altre botte.

Sono tornato nella strada dove ero prima con il dolore e la rabbia. Entrambi non commestibili, purtroppo.

Ma il bene e il male stanno vicini, si sa. E così ho conosciuto Heinrich e la sua tardiva gioventù. Ha guardato le mie botte e mi ha chiesto se avessi fame.

«Io ti sazio e tu fai compagnia ai miei ricordi. Vieni con me, ti racconto di Marlene Dietrich, l'angelo azzurro» mi ha detto.

Per una settimana intera abbiamo fatto incontrare le botte che avevo preso e i suoi racconti. A fine giornata ci sedevamo davanti al cibo, in compagnia di Marlene.

Gli piaceva dire di lei. A ogni pezzo di storia, ringiovaniva un po'. La Dietrich fu un'attrice e cantante tedesca che si rifugiò in America durante il Nazismo. Aveva il fascino di mille uomini e di mille donne e la tenacia delle rocce. Nacque a Berlino il 27 dicembre

1901 e con lei vennero al mondo un'eleganza senza pari, una voce insolita e un modo di vivere che nessuna donna, fino a quel momento, aveva avuto il coraggio di mettere in atto. Tutto di lei resterà nel mito di un'arte che spacca il passato e crea un paesaggio nuovo.

Spesso chiedevo a Heinrich perché la diva gli facesse quell'effetto di salvezza.

Lui sorrideva, beato, prima di rispondermi.

– Vedi, Mohamed, lei è il simbolo dell'altra Germania, quella che amo: la nemica dei Nazisti, l'arte che diventa una guerra senza armi, la tenacia della conoscenza, il canto che passa dal violino alla parola detta con capacità da grande attrice. La straniera che vuole vivere dove le sue possibilità non trovino ostacoli. Anche in America, seppure amatissima, Marlene Dietrich continuò a destare sospetti: fu spiata per paura di una sua collaborazione con Hitler, nonostante le innumerevoli prove che avesse dato in difesa della sua indipendenza da quella storia crudele. La diva combattente ha dovuto impiegare tutta la sua forza per farsi riconoscere padrona dell'arte e di sé. È stata la prima attrice a indossare in scena i pantaloni e la libertà, ha saputo cantare la forza e lo struggimento. Ha consolato i soldati più giovani. La canzone *Lili Marleen* è nostalgia fatta di carne. È anche la mia nostalgia di non poter tornare.

– Perché non puoi tornare a casa, Heinrich? – gli

chiedevo spesso, forse per sentirlo più vicino. Lui mi rispondeva ogni volta che i motivi erano troppi, duravano una vita lunga come la sua.

– Preferisco dirti ancora di Marlene, Mohamed. In fondo i simboli dell'arte servono anche a questo: allontanano i fatti tuoi, ma non tanto, consentono la giusta distanza per vedere meglio, per proteggerti dai morsi del passato.

– Forse ho capito: *essere dentro a una situazione oppure osservarla sono due cose differenti.*

– Forse. A domani, Mohamed.

Ma anche gli *a domani* stavano per finire, perché dovevo partire di nuovo. Si sarebbero alternati mete e addii: la Libia, Malta, la Sicilia.

Potrei dire di ogni tappa, di quella a Malta, dove *sono stato in un campo per un anno, prima di poter avere un certificato di identificazione e girare il paese, dell'approdo in Sicilia, vicino Pozzallo, insieme ad altri quattro ragazzi. Viaggiavamo nella stiva di un traghetto. Ho pagato il trafficante milleduecento euro.*

Posso dire i fatti, ma non so se mai riuscirò a dire del tutto, con le parole che ho, la conoscenza e la nostalgia. Forse Marlene Dietrich ha cantato *Lili Marleen* anche per me.

Sono arrivato a Roma il primo marzo 2010 e ho dormito per strada per tre mesi, *ma ho cercato sempre di essere me stesso: guardare il passato e il presente e pensare al futuro perché in questo mondo bisogna avere coraggio. Ci porta sempre un risultato.*

Poi alcune persone mi hanno informato del Servizio dei Gesuiti per i Rifugiati: il Centro Astalli, dove mi hanno indicato il centro Civico Zero, di San Lorenzo. È un progetto finanziato da *Save The Children* Italia per orientare e proteggere i minori migranti e neo-maggiorenni.

E là è successo che ho incontrato l'arte. Quella che mi aveva raccontato Heinrich, quella che era sprofondata nel dolore delle botte, la stessa che cantava la nostalgia con parole che non sapevo ripetere, la sorella che riconosceva l'abbraccio di bene e male. L'arte della fuga, l'abilità di trovare un nuovo rifugio, l'ingenua e maestosa ricerca della libertà.

La macchina che ho imparato a usare, come una sorpresa che viene a trovare proprio te, racchiude nelle foto la nostalgia e la speranza. Descrive, allontana, recupera. In qualche modo salva il ricordo di chi è stato come me.

Ho esposto in mete lontane, perfino a Londra e a New York. A New York, l'America che è stata di Marlene, l'attrice che ha detto che tutta la terra era sua, ma non quella della tirannia, degli stermini e delle bombe.

MOHAMED KEITA

Mi chiamano il ritrattista dei migranti. Non mi dispiace.

Ogni tanto penso che le parole cercano tanti modi per dirsi. Semplice. Le mie hanno trovato le immagini. Hanno dato il giusto colore persino alla nostalgia.

Chissà se Marlene Dietrich lo sa.

[N.d.A.] Le parole in corsivo sono di Mohamed Keita: alcune sono tratte da interviste, altre sono frutto di Mohamed, che ha voluto aiutarmi nella scrittura del racconto. Lo ringrazio per questo e per molto altro.

TUTTI I PIEDI TORNINO A PARLARSI

ILLUSTRAZIONE DI MARCO PASCHETTA

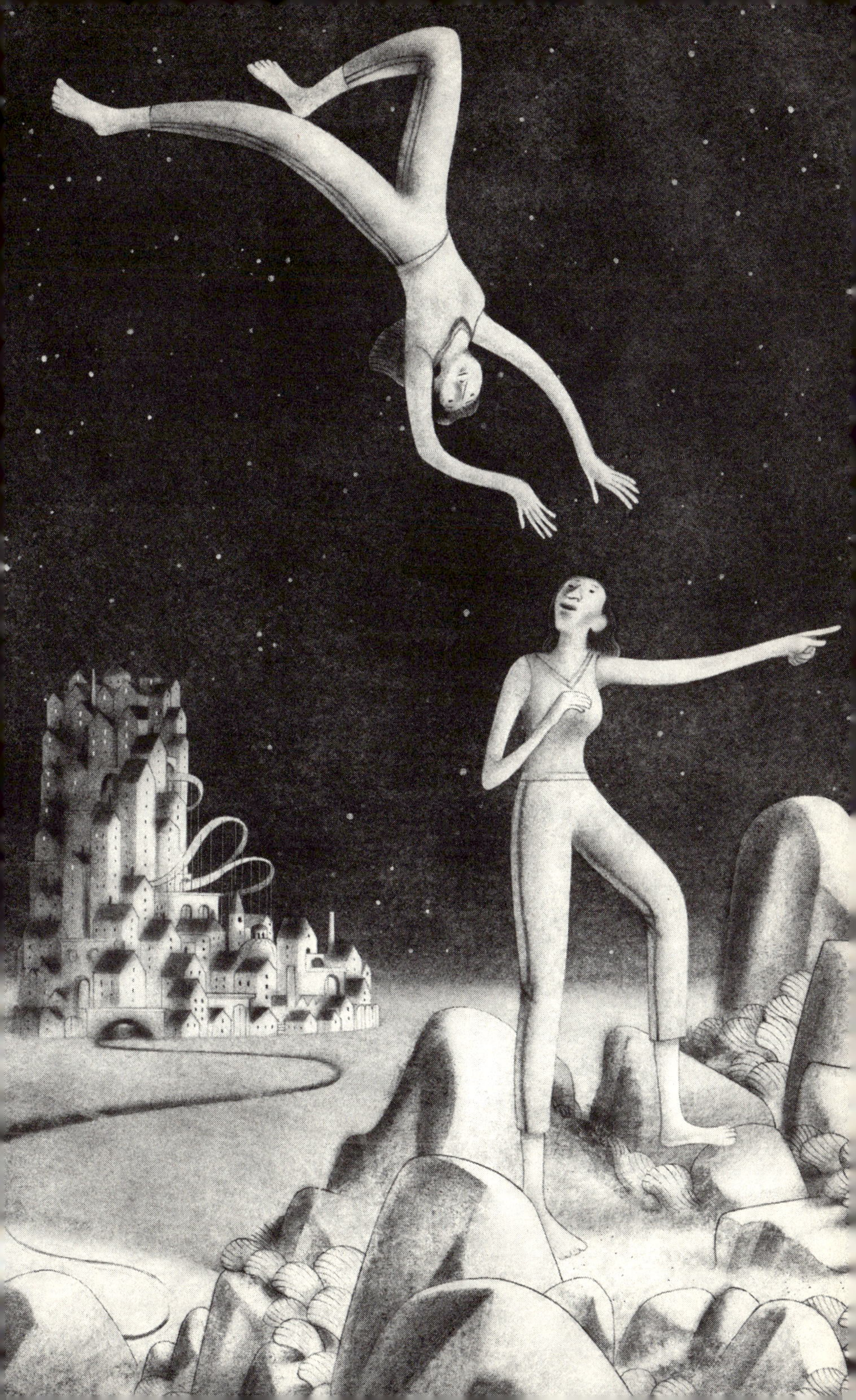

AUTORE: ALESSANDRO RAVEGGI
PERSONAGGIO: NADIA COMĂNECI
RIFUGIATO: ROSE LOKONYEN

Piedi rinsecchiti, piedi affusolati, piedi grassottelli, piedi trascurati, piedi a punta, piedi quadrati, piedi che sporgono in fuori. Nella sconfinata isola di Plantar, esisteva ogni genere di piedi, e tutti quanti cercavano di non pestarsi a vicenda.

C'erano famiglie di piedi numerosissime, che per legge andavano a fare passeggiate a giorni alterni, per non causare terremoti. C'erano però anche piedi single, un po' troppo delicati, spesso "abbracciati" goffamente come a coprirsi dal freddo - il freddo che s'inoltrava negli inverni ventosi delle città. Se ne stavano agli incroci a tasteggiare sui cellulari o altri schermi podalici.

C'erano piedi anziani, rugosi, come infarinati, sposati da oltre quarant'anni, che si perdevano burberi nei supermercati: ognuno che, indispettito, s'ingegnava un'andatura in direzione opposta. Erano quelle coppie che i più chiamavano "a papera", soprattutto perché si starnazzavano sempre contro, al momento d'arrivare alla cassa.

C'erano giovani coppie innamorate che invece erano

tutte uno strofinio di malleoli e caviglie. In primavera adoravano correre nei parchi pubblici, per avere i fili d'erba a solleticargli i mignoli e i sogni.

– Quei due hanno sempre i piedi tra le nuvole – li additavano gli invidiosi.

Si notavano poi ovviamente piedi determinati, dal passo costante, ma anche piedi disorientati; spesso erano i piedi slogati di poeti, danzatrici, attori e cantanti, che perdevano l'equilibrio sui palchi di Plantar, e non sapevano più dove si trovavano. E c'erano strani piedi molto timidi, che non uscivano mai di casa, pensavano a tutto quello che dovevano fare, e poi non lo facevano, per paura di farlo male. Erano soprannominati "piedi di piombo", perché alcuni li consideravano un po' pesantucci.

S'annoveravano poi piedi dall'odore: quelli che odoravano sempre di gelsomino in fiore e, ahinoi, quelli che odoravano sempre di formaggio francese. A volte, a stare troppo assieme, nello stesso puzzo con gli altri loro simili, si nauseavano, e andavano a cercare di mescolarsi: i gelsomini si mescolavano coi formaggi francesi, e viceversa. Dicevano: – L'odore più soave oltremisura è disgustoso, l'odore più tremendo nel troppo si fa consuetudine.

Potevi misurare piedi grandi come hall d'albergo - quelle vaste hall di certi alberghi eleganti di Plantar, dove i piedi commessi viaggiatori pagavano notti per riposarsi, e magari ricevere un buon massaggio incluso nel prezzo. Trovavi però anche piedi minuscoli come fiori di loto, che coi loro passettini allietavano le giornate degli altri al solo passaggio, come toccassero un dolcissimo xilofono sui tendini di chi li osservava dai marciapiedi.

In città, arrivavano spesso per fare provviste i piedi di montagna, piedi montanari un po' rozzi, paonazzi - e a volte, c'è da dirlo, pieni di vesciche grosse come catene montuose da arrampicata. D'inverno giungevano piuttosto spesso anche i piedi dal mare del Sud, lisci come scogli levigati da anni di onde.

C'erano ovviamente, in uno stesso paio, piedi più maschili e piedi più femminili, che componevano una buona armonia tra i sessi. Piedi adulti e piedi bambini, che dal lunedì al sabato andavano a scuola, scuole dove era possibile mettere i piedi sul banco, ma non "ragionare con i piedi", come ammonivano spesso i maestri e i professori all'inizio dell'anno scolastico.

Ognuno aveva la sua bandiera, o meglio il suo smalto: chi si dipingeva le unghie di nero, chi preferiva una composizione arcobaleno, chi rosso fuoco prima di una cena romantica, chi colori pastello per sembrare un piedino più giovane. Seguendo le unghie, c'erano intere tribù urbane di piedi colorati: piedi dark, giovani piedi punk dotati di piercing e peletti incrostati, piedi metal aggressivi dalle unghie arcigne, piedi rétro che se le dipingevano come cent'anni prima, piedi alla moda che disdegnavano i colori della settimana precedente, quelli dalle unghie lunghissime e trasandate da guru asceta, e altri che le avevano laccate come il cofano di una Rolls-Royce. Quest'ultimi passavano ore e ore, alla domenica, in garage a lustrarsele. A volte anche il lunedì, ma solo se erano piedi in pensione. Ovviamente c'erano piedi sinistri e piedi destri, e questo andava bene: l'importante era alzarsi dal letto col piede giusto.

Nell'Isola di Plantar si svolgevano elezioni regolari, e le votazioni avvenivano sempre per alzata di alluce. Solo chi governava era obbligato a indossare un unico e inimitabile paio di scarpe presidenziali, e il suo mandato terminava quando si consumavano le suole assegnate. Governare era così un gran sacrificio per chi veniva investito da quel compito: tutto il giorno e tutta la notte costretti nel cuoio, a letto come in bagno, in riunione come a riposo. Il Presidente doveva muoversi, se voleva fare le cose più impellenti nel minor tempo possibile. Erano, le sue, suole tenaci, che il resto della popolazione, almeno fino a pochi anni prima, ignorava o non si sognava di dover indossare.

«Che indossi quei cosi il Presidente!»

«A lui il compito di soffrire per noi!»

«Avete visto il Presidente che scarpe lustre? E dicono che lavori... un tubo!»

Se il Presidente risultava uno corrotto (si nasce a volte con il piede sbagliato), subito le scarpe venivano sostituite da opprimenti stivali con suole ancor più resistenti, e quello veniva costretto a consumarle con ancor più dedizione verso la nostra comunità.

Perché il Presidente, a Plantar, doveva essere il re dei chilometri e delle ambasciate. Dominava con la sua politica dalle zone fredde dei Tarsi e Metatarsi dell'Est, a quelle molto afose e a tratti desertiche dell'Astragalo a sud, e spesso percorreva l'Isola, attraversando i giardini tropicali e le zone paludose, per andare a visitare i suoi cittadini, raccogliere le loro lamentele, scoprire nuove meraviglie. Era fortunato che ancora tutto l'Ovest non fosse stato censito né esplorato!

Signor Calcagni, si chiamava il più recente: due alluci ritti e simpatici come certi picchi innevati della Val D'Illice, scarpe bigie come i piedi minatori delle zone carbonifere del Mellino, che lui manteneva sempre lustre per far sembrare il suo impegno meno gravoso.

Calcagni era quello che chiamavano "un piede liberale": faceva grandi discorsi sull'importanza dei piedi scalzi fin da bambini, come emblema orgoglioso della libertà. Raccontava spesso del Mito del Primo Piede - più grande della volta celeste, più esteso di praterie e *cordilleras*, il quale, pestando proprio la prima zolla con gentilezza e vigore assieme, aveva formato il greto dei fiumi e i poggi dei boschi al suo passare, aveva battuto le prime strade, conformato montagne nuove, permettendo germogli, arricciando vigneti nel suo cammino primordiale.

Nei suoi discorsi pubblici Calcagni difendeva sempre la Repubblica di Plantar, richiamando l'amore di quel primo atto di creazione contro ogni principio d'odio e divisione. Rammentava spesso a monito i tempi della Congiura dei Calzini, naufragata in grandi storte dolorose alle caviglie e con una repressione a suon di tagliacalli...

Un annetto prima che le cose cambiassero fatalmente, per celebrare il centenario della Repubblica di Plantar, il Presidente Calcagni cominciò a organizzare in pompa magna le prime Podolimpiadi della nostra storia. Aveva imbastito l'evento con ogni specialità per piede sportivo che si rispettasse: salto in lungo, discesa sulla neve, judo e lotta greco-romana, lancio con l'alluce e valorosi e dolorosissimi tuffi di tallone... Si mise così a girare in lungo e in largo, personalmente, per offrire le prime iscrizioni gratuite a chi ne fosse davvero meritevole.

Fu in questo suo tour propagandistico che incontrò Rose della famiglia dei piedi Lokonyen e Nadia della famiglia dei piedi Comăneci, due piedi di ragazza che non si sarebbe dimenticato facilmente.

Incontrò Rose nelle terre aride dell'Astragalo, a sud,

mentre giocava a pallone nel suo campetto. Nel suo nome c'era già tutto: sia il colore che le spine! Erano infatti due piedi dal dorso bruno come il legno delle foreste del Perone, sebbene abbracciati da una pianta veramente rosa, così bella che pareva dipinta, come inciampata nel barattolo di colore di qualche pittore. Le spine di Rose, invece, consistevano nella sua incontenibile vivacità. Giocare a palla per lei significava correre, correre senza fermarsi mai, bucare le reti, portarsi il pallone ovunque, tanto che gli altri piedi si stufavano e se ne andavano, calciando via indispettiti grandi nugoli di polvere.

– Sei un piedino straordinario, Rose. Vorresti partecipare alle prime Podolimpiadi? Hai un'iscrizione gratuita. Sarai totalmente libera di correre.

Rose accettò, e fu scelta a rappresentare i piedi del Sud, notoriamente velocissimi, piedi alati, li chiamavano i piedi del Nord, di norma ben più poltroni.

Avrebbero partecipato alla gara degli 800 metri-piede, o forse anche di più: l'importante per lei non era il traguardo, ma correre senza fermarsi.

Durante un altro viaggio assai remoto, Calcagni si imbatté in Nadia, la figlia dei Comăneci: viveva con la famiglia in una zona boscosa a est, bruciata dal gelo dei Monti Metatarsi.

Era un tipo di piedi vivace come Rose, abbastanza imprevedibile. La sua specialità però non era la corsa, ma il salto: amava saltare sempre più in alto, piroettando, non riusciva mai a stare ferma sul posto, saltava tutte le mattine tra un banco di scuola e l'altro, sul dorso dei suoi genitori e parenti, sopra i suoi amici che le gridavano: – Fuori dai piedi! –, pur ridendo.

Quasi ogni giorno Nadia pensava: «Salterò più alto di quei monti ferrosi, di questi boschi ombrosi; potrò finalmente vedere sorgere il sole sui mari dell'Astragalo». Era il suo più grande desiderio, abbronzarsi gli alluci al sole sulle spiagge a sud est.

– Adorerei avere i piedi bruni! – sospirava spesso guardandosi riflessa nel laghetto davanti a casa, con quel suo dorso bianchissimo, molto elastico, ma che lei trovava in fondo insulso e palliduccio.

«Che grandi piedi da ginnasta ha» pensò Calcagni. E le consegnò l'iscrizione. Avrebbe partecipato a ogni genere di specialità in cui sarebbe stato necessario piroettare: trave, volteggio, parallele asimmetriche.

Calcagni pensò però che, anche nel caso di Nadia, sarebbe stato assai duro convincerla a lasciare il campo a un'altra concorrente.

Né Rose né Nadia poterono però partecipare ufficialmente alle Podolimpiadi indette dal Presidente, né Calcagni poté vedere realizzato il suo sogno.

Calcagni è stato infatti il nostro ultimo presidente eletto.

Quell'anno, poco prima che si potessero celebrare le Podolimpiadi, la gente venne influenzata da una strana moda, alcuni dicevano proveniente da Occidente, spesso fonte di miti e di svariati pregiudizi.

C'era infatti chi diceva che a Ovest ci fosse l'Inferno vero e proprio, l'inferno di ogni vizio, la fine di ogni virtù. Chi invece sosteneva che a Ovest finisse il mondo conosciuto in uno strapiombo. Chi vagheggiava ancora il mitologico regno dei Selvaggi Iridei, il meraviglioso regno tutt'occhi e tutte ciglia che sbattevano qua e là: occhi azzurri, occhi strabici, occhi a palla, occhi curiosi, occhi desiderosi...

Ovest o non Ovest, il fatto fu che i piedi di Plantar cominciarono a indossare compulsivamente scarpe, calzature di ogni genere, e questa costrizione divenuta moda fu la nostra fine.

Prima vennero ciabattine, sandali e hawaiane, che coprivano solo parte del piede, simulando una certa innocuità.

Poi le infingarde espadrillas di tela.

Presto seguirono tacchi a spillo, mocassini e stivaletti. Con i tacchi, i piedi più abili cominciarono a farsi arroganti, a sentirsi superiori per altezza ed equilibrio, e con gli stivali molti non trovarono di meglio che marciare, marciare in gruppo. I piedi iniziarono a confrontarsi tra loro, per il possesso del modello di scarpa più avanzato, del laccio più allacciato, del tacco più resistente e lucidato. Ma allo stesso tempo tutti sottostavano alla stessa moda: la dittatura delle calzature.

Niente più piedi profumati, piedi puzzoni, piedi allungati, piedi sornioni, solo il *clocchete clocchete* per strada che scandiva il tempo di Plantar, le lunghe parate dall'odore nauseante di cuoio. Qualche piede che ancora resisteva parlò chiaramente di una strana mania: la volontà di sostituirsi per emulazione al Presidente, che infatti fu destituito e costretto a sottoporsi al pubblico dileggio. A piedi nudi, fu condotto davanti a una folla inferocita di calzature severe che gli gridavano: – Niente più presidenti con le scarpe!

– Scarpe per tutti! Con suole indistruttibili!

– Faremo come pare a noi!

– Basta privilegi per chi ci governa!

Con le scarpe obbligatorie, arrivarono le prime malattie, si diffusero i primi funghi, grosse e dolorose piaghe verdastre che si contagiavano tra adulti e bambini. Ma tutti stavano zitti, sudando come pazzi all'interno delle proprie prigioni di cuoio, di tela, di gomma. Presto la popolazione divenne mogia, dal passo stanco.

– Preferite la bruttezza del piede nudo e spesso deforme, o la bellezza aerodinamica di queste scarpe da corsa fiammanti?! – si diceva.

Di lì a poco vennero le tanto temute Scarpiere, dove

migliaia di piedi sono ancora detenuti, con la scusa di non essere piedi resistenti ai funghi.

Delle Scarpiere si vorrebbe qui non avere memoria.

Calcagni nel frattempo tentò il colpo di piede disperato: entrò in clandestinità assieme a un gruppo di alluci ribelli che si riunirono sotto la sigla del Partito del TIPTAP, che stava per: *Tutti I Piedi Tornino A Parlarsi*.

In una riunione del TIPTAP, tenutasi nel sottoscala di un negozio di scarpe ergonomiche per anziani, Calcagni ebbe l'illuminazione...

– Io ho due care, vecchie amiche che potrebbero aiutarci, compagni. Se vogliamo ristabilire la concordia dei tempi passati, non possiamo essere nostalgici di quello che avevamo, ma guardare oltre, per ritrovare noi stessi. Forse verremo costretti a un esodo molto gravoso, oltre i Metatarsi, oltre l'Illice, il Mellino... Abbiamo bisogno di sapere, per agire.

– E come faremo? – chiese uno stivaletto tremante.

– Vi ricordate delle Podolimpiadi?

Tutti annuirono.

– Io mi ero persino iscritto! – intervenne un piede che si era appena liberato delle sue scarpe da ginnastica e traspirava felice.

– Le Podolimpiadi non dovevano essere solo un'occasione di festa. Sapete bene che la nostra isola di Plantar ha ancora zone inesplorate, a Ovest. Avrei approfittato delle Podolimpiadi per creare un ponte tra noi e quelle zone sconosciute: sarebbe stato il megafono della nostra Repubblica.

– E le tue amiche che c'entrano? – chiese qualcuno.

Calcagni così espresse la propria idea. Io ero presente, pieno di stupore.

Ci raccontò che le sue predilette, Rose e Nadia, erano fortunatamente ancora a piede libero. Rose si era rifiutata di indossare la gomma di odiosissime scarpe da corsa. Amava, correndo, il contatto diretto con la propria terra - che nell'Astragalo a sud a volte per giorni lasciava il suo talco rossastro sotto le piante.

Nadia avrebbe saltato sempre più stancamente, sempre più in basso, sotto le cime degli alberi, se un giorno non si fosse decisa a strapparsi di dosso quei pesi inutili di scarpe dell'Est. Così si erano ritrovate in clandestinità nelle miniere del Mellino, scelte come rifugio.

Calcagni si mise alla loro ricerca. Quando alla fine le incontrò, disse loro: – Ho bisogno che facciate un viaggio, amiche mie, e che lo facciate assieme, presto. Vi avverto: sarà verso Ovest –, e le due si irrigidirono. – Forse lì troveremo di nuovo la chiave per la libertà di Plantar. Non sappiamo se gli Iridei esistano, se siano occhi accoglienti o minacciosi, se vogliano vederci di buon occhio; se esista un regno laggiù e se sia meraviglioso o sia un orrore, ma speriamo almeno un orrore più accettabile di quello che qui ci siamo inflitti. Tu, Rose, aprirai con la tua corsa infaticabile la strada... Tu, Nadia, piroetterai sempre più in alto, sempre più in alto... per osservare i passaggi più impervi e indicare dove la strada può essere percorsa. Se questo brutto periodo finirà, sarà anche grazie alle notizie che riuscirete a portarci.

Sapete come è andata a finire la storia per la nostra isola?

Non è finita. Si narra che l'avventura di Rose e Nadia, grazie alle nostre staffette clandestine, continui ancora.

Rose corre veloce tra il grano, con i suoi piedi alati, Nadia salta agile oltre i canneti, con le sue caviglie portentose. Entrambe sono dirette verso la terra degli Iridei (dove magari le hanno già avvistate, e gli ambasciatori si stanno preparando per incontrarle).

La loro libertà presente è la nostra libertà futura.

Viva il TIPTAP!

Viva la Repubblica Libera di Plantar!

Isola di Plantar, Scarpiera 237, prigioni delle taglie 38

LA TERRA VISTA DALL'ALTO

ILLUSTRAZIONE DI FRANCESCO CHIACCHIO

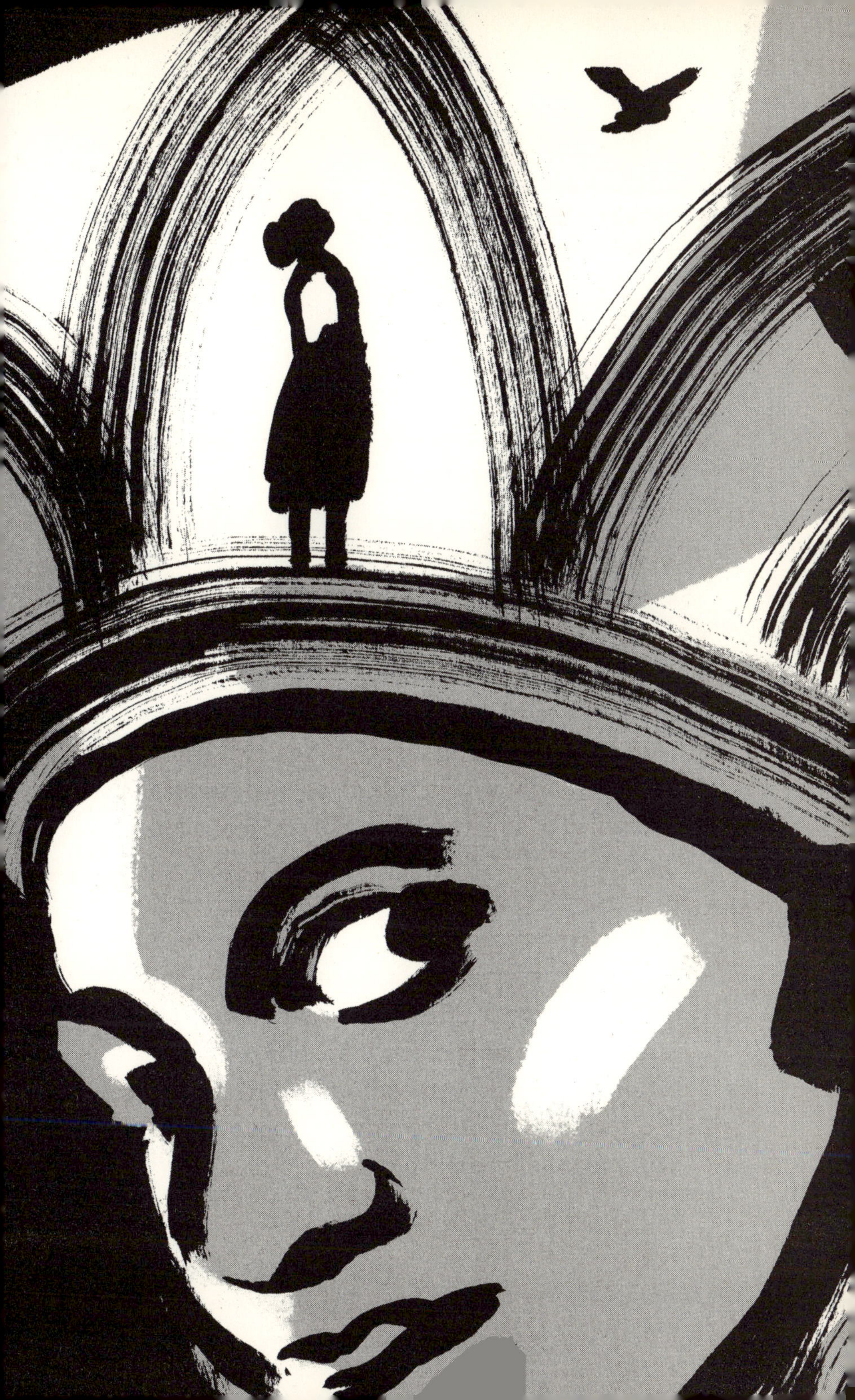

AUTORE: LILITH MOSCON
PERSONAGGIO: MIRIAM MAKEBA
RIFUGIATO: EMI MAHMOUD

Quando nacqui, una cicogna nera si posò vicino alla mia culla. Aveva un'apertura alare di due metri. Zampe e becco arancioni.

Era il cinque ottobre del millenovecentonovantatré.

Piangevo, perché da piccoli si comunica attraverso il pianto. Le parole arrivano dopo.

A me, Emi Mahmoud, le parole arrivarono presto. Me le portò la cicogna nera dalle grandi ali.

Si posò vicino alla mia culla e vi lasciò cadere un frutto proveniente dalle foreste tropicali dell'Africa occidentale, una noce di cola.

Anche io vengo dall'Africa, da una terra attraversata dal fiume Nilo, dal Sudan.

Non appena vidi la cicogna, smisi di piangere.

– La tua voce seminerà amicizia fra i popoli, – mi disse. – Tu, Emi Mahmoud, canterai la storia delle persone dalla pelle nera come le mie ali.

Ero nata da poco, e accanto a me c'era il mio primo dono: un frutto secco violaceo avvolto da un guscio marrone chiaro. La mia voce avrebbe portato amicizia nel conflitto, pace nella guerra. Avrebbe avuto la stessa funzione della noce di cola, che viene regalata in segno di amicizia e di pace.

Il Sudan era in guerra.

La cicogna nera aveva volato dall'isola greca di Lesbo fino all'Africa, per svelarmi un pezzettino di futuro.

– Un giorno verrai a visitare Lesbo, l'isola in cui vivo, – affermò – e guarderai gli uccelli e le navi all'orizzonte. Scriverai un canto, una poesia, perché in Africa è con il canto che si racconta ciò che succede.

Era il cinque ottobre del millenovecentonovantatré, quando conobbi la cicogna nera.

Un anno dopo scappai con la mia famiglia dal Sudan. Riuscimmo a salvarci arrivando nello Yemen. Volevamo vivere, respirare. L'uccello era stato chiaro: non avrei permesso alla paura e alla guerra di paralizzarmi. Prima o poi sarei diventata grande abbastanza da poter raccontare quello che stavo passando. Avrei alzato al cielo le mie parole come rami. Rami vivi.

Iniziai a parlare molto presto. La predizione della cicogna si avverò, assieme alla promessa contenuta nel mio nome, Emtithal, che significa "immagine della perfezione". I bambini, in Africa, portano spesso nomi legati alle circostanze in cui vengono al mondo.

Forse ero nata strillando in modo perfetto, mettendo in chiaro da subito che non sarei stata una di quelle bambine che rimangono sempre zitte. O forse ero nata in un giorno perfetto, senza bombe né spari fuori dalla finestra.

Ogni bambino riceve un nome. Ogni nome porta con sé una storia. Veniamo al mondo con una storia e grazie al sogno dei nostri genitori. Nasciamo perché qualcuno ci ha desiderati, sognati.

La cicogna nera mi aveva raccontato di una donna sudafricana di Johannesburg, Zenzi Makeba, che aveva dedicato tutta la sua vita a cantare le vicende del suo popolo.

Era nata il quattro marzo del millenovecentotrentadue. Suo padre amava la musica e in casa suonava il pianoforte. Morì quando sua figlia era ancora bambina, lasciando su questa terra il sogno che studiasse musica. E così fu.

Zenzi Makeba divenne una cantante e cambiò il suo nome in "Miriam".

Io, Emtithal, avrei scelto di chiamarmi Emi. Così mi chiamava mia nonna.

Come la maggior parte delle donne africane della sua generazione, mia nonna non aveva potuto studiare. «Leggi, scrivi» mi ripeteva.

Avrei scelto "Emi" per lei e per risentire il suo

«Leggi, scrivi» ogni volta che mi sarei seduta davanti al computer.

La cicogna nera, prima di andarsene, mi aveva sussurrato: – Il mio nome è Harry Belafonte. Ho suonato e cantato a lungo con Miriam Makeba. Ci conoscemmo a Londra e le chiesi di venire con me in America. Mi chiamava *Big Brother* e, in effetti, sono sempre stato per lei un fratello più grande, un fratello maggiore.

Alcuni esseri umani, quando dormono, hanno la capacità di trasformarsi in uccelli.

Si tratta di persone che amano viaggiare o che hanno dovuto viaggiare spesso. Non riuscendo a stare fermi neppure di notte, si tramutano in volatili per continuare a spostarsi, a muoversi.

Questo accadde al musicista Harry Belafonte, che decise di mutarsi in cicogna nera e di volare verso il Sudan per incontrare me, Emi Mahmoud.

Anche le anime dei morti possono tornare sulla terra sotto forma di uccelli.

L'anima di Miriam Makeba venne a visitarmi nello Yemen, dove ero scappata con la mia famiglia. La sua voce fu il primo suono bello che sentii. Era il cinguettio di un usignolo d'Africa.

Pare che l'isola di Lesbo accolga numerose specie di volatili, tra cui la cicogna nera e l'usignolo d'Africa. È su quest'isola che si ritrovano i viaggiatori e le anime dei morti sotto l'aspetto di uccelli.

Harry Belafonte, *Big Brother*, era volato fino alla mia culla per parlarmi del futuro.

Miriam Makeba volò dall'isola greca allo Yemen per parlarmi del passato.

– Ho scelto di tornare sulla terra come usignolo d'Africa perché questo uccellino canta nel fitto della vegetazione e ama posarsi sui fichi d'India – mi disse Miriam.

Avevo quattro anni quando la conobbi.

– Pensaci bene, Emi, – aggiunse – se cinguetti dentro una foresta fitta o dentro una fitta macchia di arbusti nessuno potrà vederti e tutti crederanno che sia la foresta o la macchia di arbusti a cinguettare. Io non ho mai voluto cantare solo per me stessa. Ogni volta che salivo sul palcoscenico desideravo cantare per tutto il mio paese. Volevo fare il gioco dell'usignolo d'Africa e dare l'impressione che fosse la mia terra a esibirsi, a raccontare le proprie sofferenze al mondo. Le ingiustizie che ha subito l'Africa sono dolorose come le spine dei fichi d'India. Mi sono sempre seduta vicino alle spine per guardarle a fondo, per studiarle. Non mi sono mai lasciata spaventare dalle loro punte sottili, capaci di infilarsi nella carne.

Miriam era nata in una poverissima famiglia del

Sudafrica. Aveva avuto una figlia da giovane. L'aveva chiamata Bongi. Quello dei *Cuban Brothers* fu il primo gruppo con cui iniziò a lavorare. Dopo entrò nei *Manhattan Brothers*.

 I giornali scrivevano che Miriam cantava come un usignolo.

– Quando non puoi più fare ritorno a casa, inizi a pensare che la tua casa siano le persone a cui vuoi bene – mi disse un giorno. – Mentre ero a cantare con Harry Belafonte in America, scoprii che non sarei più potuta tornare a casa da mia madre, dalla mia gente. Visto che le mie canzoni raccontavano al mondo le condizioni terribili che i bianchi imponevano alle persone di colore in Sudafrica, il Sudafrica, capeggiato da gente bianca, decise di condannarmi all'esilio. Sul mio passaporto vennero impresse queste parole: NON VALIDO. Forse ti starai chiedendo quando arrivarono le persone dalla pelle bianca a occupare le nostre terre e perché obbligarono i sudafricani a essere i loro schiavi e a vivere in zone chiamate *townships*.

 Non sapevo cosa volesse dire *townships* e Miriam fu così gentile da spiegarmelo. Avevo poco più di quattro anni. Ero ancora piccola per capire certe cose, ma la mia curiosità voleva afferrarle a ogni costo.

 – Le *townships* sono ghetti per neri. Sono zone pensate per fare rimanere i neri in uno stato di povertà e bisogno. Sono gabbie di ferro, aree da cui non ci si può muovere. Quando non avevo ancora lasciato il Sudafrica, se desideravo uscire dal ghetto in cui vivevo con la mia famiglia e andare in una parte della città riservata ai bianchi, dovevo avere con me un pass, una specie di passaporto interno. Dal momento che cantavo in una band, mi capitava spesso di esibirmi in luoghi riservati ai bianchi. In questi casi, un bianco, doveva dichiarare che, nelle date dei miei concerti, ero autorizzata a lasciare il mio ghetto. Io, e tutta la band, avevamo bisogno di questa autorizzazione da mostrare alla polizia in caso di controlli. Se ci avessero trovato senza questo permesso, saremmo finiti in galera.

Quando sarai grande e prenderai il tuo primo aereo, ti accorgerai che la terra vista dall'alto non ha frontiere. Dall'alto non si vede altro che un'enorme e meravigliosa casa per tutta l'umanità.

Avevo solo quattro anni. Non volevo aspettare di diventare grande per vedere il mondo dall'alto.

– Voglio volare adesso – le dissi.

Miriam prese molto sul serio la mia richiesta e una notte me la trovai vicino al letto. Stavo sonnecchiando. Lei accostò il suo becco al mio volto: – In quale uccello desideri trasformarti, Emi? – mi sussurrò.

Forse ero troppo assonnata per reagire.

Mi girai da una parte all'altra, ma non risposi.

– Ti trasformerai in una bellissima monachella dal piumaggio marrone e ocra – disse allora Miriam.

La monachella è un uccello simile al passero. È resistente, coraggiosa, e non ha paura di fare il suo nido in luoghi selvaggi, inospitali.

Mi svegliai non appena mi accorsi che stavo sbattendo le ali, che al posto delle braccia avevo due piccole ali robuste.

Miriam era vicino a me. Capii subito che mi avrebbe insegnato a volare, a vedere la terra dall'alto.

Grazie alle sue dolci e pazienti istruzioni, volammo fuori dalla finestra di camera mia, verso il cielo. Lasciammo lo Yemen e tutto era come mi aveva descritto l'usignolo d'Africa, la cantante di Johannesburg.

Da dove volavamo non si vedevano confini, frontiere. Il mondo sembrava un palcoscenico grande abbastanza per accogliere le canzoni di Miriam, le poesie che io, Emi Mahmoud, avrei scritto da ragazza, e la voce di tutta l'umanità.

Arrivammo sull'isola di Lesbo.

Dopo esserci riposate e dissetate, ci posammo su un albero davanti al mare.

Da quel luogo fresco, mi raccontò del suo esilio. Miriam dovette rimanere trent'anni lontano dal Sudafrica a causa di una politica ingiusta. Io avevo dovuto lasciare il Sudan, assieme a tutta la mia famiglia, a causa di una guerra.

Pensai che quell'usignolo d'Africa fosse volato verso lo Yemen per insegnarmi come si fa a vivere senza poter tornare nella propria terra.

Miriam mi aveva parlato dell'occupazione prima olandese e poi inglese del Sudafrica.

— Gli olandesi ci cacciarono via dalle nostre case con delle carabine a forma di trombone — mi disse.

— È incredibile come una cosa brutta, un fucile, possa ricordare una cosa bellissima, uno strumento musicale. Non è sempre facile distinguere il bello dal brutto, il buono dal cattivo. A volte ciò che sembra cattivo, come il serpente gatto, è invece innocuo, e ciò che sembra buono, come il cuculo, può risultare cattivo.

Non avevo mai visto un serpente gatto e iniziai a immaginarmi la sua fisionomia.

Pensai a tante combinazioni divertenti: serpente con zampe di gatto. Gatto con coda di serpente. Serpente con orecchie di gatto. Serpente che miagola come i gatti in amore. Gatto che striscia come un serpente pronto ad attaccare la sua preda.

Finalmente ne vedemmo uno. Davanti a noi c'era un vero serpente gatto. Un po' delusa, capii che il suo nome veniva dai suoi occhi che avevano pupille strette e verticali come quelle dei gatti. Tutto qui.

— Non ti avvicinare troppo — sibilò il rettile. — Noi

serpenti gatto siamo molto timidi e paurosi. Quando ci sentiamo minacciati, preferiamo scappare che combattere.

Senza aggiungere altro, il rettile fuggì di gran lena.

Che buffo, non avrei mai detto che esistessero serpenti paurosi. Aveva ragione Miriam, quel povero animale era davvero innocuo.

Abbandonammo l'albero davanti al mare e cominciammo a volare per tutta l'isola.

– Perché il cuculo può essere cattivo? – chiesi a Miriam.

Miriam, l'usignolo d'Africa, si guardò intorno e mi fece avvicinare a un nido dove c'era una cornacchia nera a covare le sue uova.

– Vedi quella cornacchia? Lei non lo sa, ma di sicuro starà covando anche uova di cuculo. Il cuculo occupa spesso il nido della cornacchia per deporvi le sue uova – mi disse.

– Quindi il cuculo occupa le case degli altri come quei signori dalla pelle bianca occuparono il Sudafrica? – domandai.

– No, non è del tutto vero. Occorre che tu sappia che i piccoli del cuculo, quando avvertono un pericolo, sprigionano una sostanza repellente verso gli uccelli rapaci. Questi ultimi sono ghiotti di uccellini. In un certo senso i piccoli del cuculo riescono a salvare i piccoli della cornacchia in caso di aggressioni da parte di rapaci. La cornacchia si prende cura di entrambi. Cuculo e cornacchia possono crescere insieme, come veri fratelli o sorelle. Chi ha occupato le nostre terre, non se n'è volato via. È invece rimasto a godere delle nostre ricchezze. Il Sudafrica è molto ricco di minerali, diamanti, oro. Non siamo cresciuti assieme, noi e loro, pur abitando nello stesso territorio. Loro ci hanno rubato il nido, con tutte le sue comodità, costringendoci a vivere nelle *townships*, nei ghetti, nelle periferie.

Dalle parole dell'usignolo d'Africa appresi che il cuculo può comportarsi da vero e proprio brigante occupando i nidi degli altri, ma senza la crudeltà e l'insensatezza di certi esseri umani.

Imparai che gli umani costruiscono sui loro confini muri alti, come le pareti di una gabbia, e che fanno leggi per ingabbiare i loro simili.

Molti dei loro confini sono marcati da trappole, prigioni.

Io ormai sapevo che i confini non esistono. L'avevo visto volando assieme a Miriam Makeba.

«Un giorno verrai a visitare Lesbo, l'isola in cui vivo» mi aveva annunciato la cicogna nera, Harry Belafonte. Ero proprio lì, e qualcosa mi diceva che vi sarei tornata nuovamente da ragazza, in sembianze umane.

La mia esperienza di monachella dal piumaggio marrone e ocra stava volgendo al termine. L'usignolo d'Africa mi riportò a casa, nello Yemen, e non mi lasciò finché non mi posai sul letto. Quando riaprii gli occhi ero di nuovo una bambina.

Quel lungo viaggio da uccellino mi avrebbe aiutato in tutti gli spostamenti che avrei dovuto affrontare con la mia famiglia.

Nel millenovecentonovantotto lasciammo lo Yemen e raggiungemmo Alexandria, negli Stati Uniti d'America. Poi arrivammo a Fort Wayne e, infine, ci stabilimmo a Philadelphia.

Durante questi viaggi da una città all'altra, mi diede forza e coraggio un'immagine che, in seguito, trasformai in una poesia. Vidi l'amore, caldo come le piume di Miriam Makeba, diventare un'armatura da indossare lungo i confini del mio paese, del Sudan.

Nel millenovecentosessanta, il sassofonista afroamericano John Coltrane, compose un brano per la sua sposa, Naima, e Miriam incise una ballata d'amore, Nomeva. Nello stesso anno Nelson Mandela, che molto tempo dopo sarebbe diventato il primo presidente nero del Sudafrica, bruciò il suo pass, il documento che doveva essere esibito dai neri per entrare nelle zone riservate ai bianchi, e solo un anno prima, la cosmonave sovietica Luna 3 riuscì a fotografare la faccia nascosta della Luna.

Cosa hanno in comune questi avvenimenti? Molto più di quanto si possa immaginare.

Perché ci sia amore, deve essere bruciato ciò che separa le persone per il colore della loro pelle o per la diversa provenienza. Bisogna mostrare all'umanità ciò che non può, e talvolta non vuole, vedere: il lato nascosto della Luna. Bisogna conoscere a fondo le spine affilate del fico d'India, le zone in ombra dell'umanità. Forse è per questo che tanti musicisti che regalarono al mondo veri e propri inni all'amore e alla bellezza, si ritrovarono a cantare nel seminterrato buio del *Village Vanguard*.

Il *Village Vanguard* è un locale di New York. All'inizio ospitava serate di poesia e musica folk, poi passò a essere un locale di musica jazz. Lì, Miriam, si esibì davanti a un pubblico di musicisti famosi del calibro di Nina Simone e Miles Davis. Durante il suo primo concerto al *Village Vanguard*, cantò numerosi pezzi, tra cui, *Back of the Moon* e *Nomeva*.

Poesia e musica sembravano unire il destino di Miriam e il mio. Per questo la cantante di Johannesburg aveva deciso di tornare sulla terra nelle vesti di un usignolo d'Africa. Desiderava prepararmi a ciò che mi avrebbe aspettato. Harry Belafonte, *Big Brother*, aveva detto a Miriam, quando era ancora una donna: «Un giorno o l'altro avrai l'occasione di parlare a nome della tua gente». L'usignolo Makeba aveva deciso di tornare sulla terra, anche per ripetermi quelle stesse parole.

Trascorsi molto tempo senza rivedere né la cicogna nera né l'usignolo d'Africa. Ormai ero una ragazza che studiava all'università. Dovevo compiere ventidue anni.

La mia famiglia stava attraversando un periodo difficile. Mia nonna materna era malata, e mia madre aveva preso la decisione di andare in Sudan per portare la nonna in Egitto, dove avrebbe ricevuto cure migliori.

Avrei voluto partire con lei, ma proprio in quei giorni si sarebbe svolto un importante concorso di poesia a cui desideravo partecipare. Tutta la mia famiglia mi spinse a rimanere e a prendere parte al concorso. Più di tutto, furono le parole di mia nonna a convincermi, le stesse parole che mi diceva quando ero bambina, «Leggi, scrivi».

In quella situazione tornarono a farsi vive, e decisi che sarei rimasta e avrei partecipato al concorso. L'avrei fatto per mia nonna che non aveva potuto imparare a leggere e scrivere. L'avrei fatto per mia madre. E poi l'avrei fatto per me. Avevo un bisogno urgente di tirare fuori le mie parole, di accompagnarle col corpo, di condividerle con una platea.

Il concorso si sarebbe tenuto a Washington.

Mentre mi trovavo lì, mi venne comunicato che le condizioni di mia nonna si erano aggravate. Feci un sogno a occhi aperti: vidi tutti gli uccellini del suo giardino abbandonare il pero, dove amavano passare il tempo, e disporsi intorno al suo letto.

Capii che la nonna ci stava lasciando.

Afferrai carta e penna e iniziai a scrivere di getto una poesia. La imparai a memoria e, quando fu il mio turno, salii sul palcoscenico.

Mi tremavano le gambe.

Con la coda dell'occhio avvertii uno strano movimento e mi accorsi che, a qualche metro da me, stava svolazzando Miriam, l'usignolo d'Africa. Quella visione, che durò solo pochi attimi, mi diede coraggio. Presi il microfono e cominciai a recitare *Mama*, la poesia che avevo scritto di getto e dedicato a mia madre.

Scrissi *Mama* per ringraziare la donna incredibile che mi aveva cresciuto e che, purtroppo, non poteva essere lì, quel giorno, con me.

Sull'isola di Lesbo, Miriam, mi aveva raccontato di avere lasciato un'offerta sulle acque di una sorgente, in Guinea. Era un'offerta di speranza per se stessa e per la sua gente. Era un'offerta per ringraziare coloro che l'avevano aiutata.

Mama uscì dalla mia penna come un'offerta per mia madre.

Quando terminai di recitarla, fui travolta da un lungo applauso.

Mi guardai attorno per capire se l'usignolo d'Africa stesse ancora volando nei paraggi, ma non lo vidi. Doveva aver fatto ritorno sull'isola.

Giunse il momento in cui venne comunicato il vincitore del concorso: ero io, Emi Mahmoud!

Quella vittoria fu un bellissimo regalo inatteso, che meritava di essere festeggiato.

Pensai di andare da Miriam, nella sua terra circondata dall'acqua, dal mare.

Big Brother, la cicogna nera, l'aveva detto: sarei tornata a Lesbo.

Il viaggio fu lungo, ma sentii che stavo facendo la cosa giusta.

Una volta arrivata, non tardai a riconoscere il cinguettio dell'usignolo d'Africa.

La cantante di Johannesburg era volata fino al porto per salutarmi e darmi il benvenuto.

Festeggiammo la mia vittoria con una camminata sulla spiaggia, lei mi seguì volando, ovviamente. Parlammo a lungo della sua storia, della mia, delle vite che si intrecciano fino a entrare l'una dentro l'altra come il sole nel mare.

Miriam, quando era ormai una cantante famosa in tutto il mondo, disse che sarebbero rimaste con lei tre cose fino alla sua morte: la speranza, la determinazione e la sua musica.

Ancora sulla spiaggia, misi le mani in tasca e vi trovai tre noci di cola.

Mi ricordai della cicogna nera, di Harry Belafonte, che quando nacqui fece scivolare nella mia culla quel frutto secco violaceo dal guscio marrone chiaro.

L'usignolo d'Africa, Miriam Makeba, stava rinnovando quel dono. Mi stava regalando tre noci di cola: una per la speranza, una per la determinazione e una per la mia musica, la poesia.

Le strinsi tra le dita e pensai che prima o poi sarei riuscita a portarle in Sudan, dove il Nilo Bianco si unisce al Nilo Azzurro, in quella terra tra i due fiumi che prende il nome di Gezira.

Gezira in arabo vuole dire isola.

Lesbo mi stava insegnando che è sulle isole che amano incontrarsi i viaggiatori, le anime dei morti, e l'umanità in cammino.

Avrei lasciato le tre noci di cola a Gezira, dove il Nilo Bianco si unisce al Nilo Azzurro, dove il passato si unisce al presente.

Mi girai, e l'usignolo d'Africa era sparito, come quel giorno, sul palcoscenico, a Washington.

DI TENEBRA E LUCE

ILLUSTRAZIONE DI MARINO NERI

AUTORE: DAVIDE MOROSINOTTO
PERSONAGGIO: JOSEPH CONRAD
RIFUGIATO: MERCY AKUOT

C'è chi scappa da qualcosa, e chi scappa verso qualcosa.
"E tu quale delle due sei, ragazzina?"
Joan richiude con uno schiocco il libro che stava leggendo: *Cuore di tenebra*, di Joseph Conrad. Lo appoggia sul ripiano del malconcio tavolino da campeggio che usa come scrivania e strizza gli occhi. Joan strizza sempre gli occhi quando vuole osservare qualcuno.
La ragazzina.
È bella, accidenti. Alta, flessuosa. Denti bianchissimi. Occhi grandi e vivaci.
Quanti anni potrà avere? Tra i sedici e i venticinque, decide Joan. Difficile da stabilire con un'occhiata. E forse non lo sa nemmeno lei: non sempre in Africa le tribù registrano la data di nascita dei loro bambini.
La ragazza che ha davanti sta trattenendo il respiro. Continua a spostare il peso da un piede all'altro. E trema. Come se avesse paura.
Sono le tre del pomeriggio e il tendone di plastica che ripara la scrivania (il tavolino da campeggio) di Joan è incandescente per il sole. C'è un caldo soffocante, il vento torrido solleva nuvolette di polvere gialla.

Eppure Joan è sicura che le mani della ragazza siano gelate. Oh sì. È paura, questa. La ragazza ha paura di qualcosa. Qualcuno. Chi?

– Come ti chiami? – domanda Joan, parlando per la prima volta.

– Mercy – risponde la ragazza.

Significa "pietà". Un bel nome.

– Ho diciannove anni.

– Piacere di conoscerti, Mercy. Io sono Joan. E ho trentasei anni, se dovesse interessarti. Ora che ci siamo presentate, veniamo al punto: cosa posso fare per te?

– Vengo dal Sud Sudan e sono di etnia dinka – spiega la ragazza. – Voglio essere accolta nel campo. Voglio essere dichiarata una rifugiata di guerra.

Joan annuisce. Lo sapeva già e, d'altronde, per quale altro motivo Mercy avrebbe dovuto trovarsi lì? Il Kakuma Camp, in Kenya, è uno dei campi profughi più grandi del mondo. Ospita quasi 185 mila persone scappate a guerre e massacri correndo pericoli inimmaginabili. Molte vengono dal Sud Sudan e sono di etnia dinka. Da quando Joahn ha cominciato a lavorare al campo ne ha incontrate a centinaia, migliaia. Nel romanzo *Cuore di tenebra* c'è una frase che l'ha colpita. Dice: "Tutte le navi si assomigliano, e il mare è sempre lo stesso".

Per le storie dei rifugiati è un po' la stessa cosa. Si assomigliano tutte. In un certo senso. E in un altro senso sono sempre diverse. Perché dietro ci sono dolori, sentimenti. Persone.

E Mercy? Qual è la sua storia?

– Raccontami – la esorta Joan con voce dolce. – Come sei arrivata qui?

Mercy aveva scelto il vestito con cura: un tob, *un abito di stoffa coloratissimo, azzurro, giallo e rosso, che si drappeggiava sulla testa come un velo e scendeva fino alle caviglie.*

– *Sei bellissima* – *le disse Jonathan.*
– *Grazie, papà. Andrà tutto bene?*
– *Ci sono io, con te.*
Lei si guardò allo specchio un'ultima volta.
– *Emozionata?*
Lo era, sì. Certo. Aveva diciannove anni, aveva appena preso il diploma. E stava per rivedere suo padre.

Non Jonathan, che era il suo papà adottivo. Quell'altro. L'uomo che l'aveva cresciuta. Che le aveva insegnato a correre. Che l'aveva mandata a scuola. Che... No, Mercy non era pronta per rivederlo. Dopo quattro lunghissimi anni di silenzio.

Aveva paura. Tantissima. Ma era anche emozionata. In un certo senso, per quanto fosse assurdo, Mercy non vedeva l'ora.

Il giorno del diploma Jonathan era stato in prima fila ad applaudirla, come sempre. Eppure lei aveva

sentito la mancanza della sua prima famiglia. E ora... adesso...
– Andiamo? – disse Jonathan.
– Andiamo.
La sua prima famiglia veniva dal Sud Sudan. La nuova famiglia, invece, abitava in Uganda, dove Mercy aveva vissuto negli ultimi quattro anni. Ora per lei era tempo di tornare indietro. Non proprio in Sud Sudan, sarebbe stato troppo pericoloso... Ma lì vicino. Poco lontano dal confine.

Mercy aveva parlato con il padre al telefono: era rimasta stupita di come la sua voce fosse diventata più roca e tagliente. Dopo un po' ci aveva parlato anche Jonathan. Si erano messi d'accordo. Era stato tutto deciso.

E ora era arrivato. Il grande giorno.

Salirono in macchina, una vecchia berlina con le ruote sgonfie e la portiera che non si chiudeva bene. Jonathan si mise al volante, Mercy sprofondò nel sedile di fianco. L'auto aveva una radio e lei l'accese con uno schiocco del pollice. Gli altoparlanti gracchiarono l'ultimo singolo di Yvonne Chaka Chaka. Era la sua cantante preferita e si ritrovò a canticchiare senza accorgersene.

– Hai una bella voce – ridacchiò Jonathan. – Un giorno potresti diventare una cantante anche tu.

Sarebbe stato fantastico. Un sogno. Salire su un

palcoscenico con il pubblico che applaudiva e la musica che faceva vibrare la pelle.

L'auto guizzò come una biscia nel traffico frenetico della città, poi scivolò in aperta campagna dove c'erano solo alberi e distese d'erba verdissima, dappertutto la luce calda e assoluta dell'Africa.

Viaggiavano con i finestrini abbassati (la vecchia berlina non aveva l'aria condizionata). Quando Jonathan accelerò, il rombo dell'aria superò anche il volume della musica, e lei restò a guardare fuori dal finestrino.

Suo padre. Stava davvero per rivederlo? Lui l'avrebbe abbracciata? Oppure...

All'ora di pranzo si fermarono ai margini della strada e Jonathan comprò da un'ambulante delle chapati, *piade imbottite di cipolla stufata. Mercy non aveva fame, così lui mangiò anche la sua parte. Poi ripartirono.*

L'accordo era di incontrarsi nel parcheggio di un supermercato. Un posto squallido ma tranquillo, alle porte di una piccola città vicino alla frontiera. Quando mancava poco, però, Mercy avvertì una fitta al petto come una puntura di scorpione.

– Fermati – bisbigliò.

– Come?! – protestò Jonathan. – Siamo quasi arrivati.

– Lo so, appunto. Non mi fido.

– Mercy...
– Prima voglio controllare da lontano.
Jonathan sospirò, rassegnato, e accostò vicino al marciapiede.
Il supermercato si vedeva già in fondo alla strada, con le vetrine illuminate. Il parcheggio invece era buio e mezzo vuoto. C'erano due auto parcheggiate vicino all'ingresso e altre tre o quattro sparpagliate nel vasto spiazzo di terra.
Con il cuore che le batteva fortissimo Mercy scese dalla macchina e si piegò sulle ginocchia, come una bambina che gioca a nascondino. Il tob strisciò nella polvere. Si allontanò dalla berlina, raggiunse un albero, abbracciò il tronco e sporse la testa per guardare.
L'auto più vicina a lei era vuota. Anche la seconda. Nella terza invece c'erano due persone. All'interno. Che aspettavano. Il primo, quello dal lato del volante, teneva un braccio fuori dal finestrino e tamburellava con le dita contro la portiera.
Era suo padre.
Mercy si sentì improvvisamente felice, in gola le scaturì una risata, fece per saltare in piedi e gridare a Jonathan che andava tutto bene, via libera, potevano avvicinarsi...
Poi l'altra persona, l'uomo che stava con suo padre, fece guizzare la fiammella di un accendino, per accendersi una sigaretta, e lei lo vide in faccia.

Solo per un istante.
Ma non poteva scordarsi quel naso, la fronte piatta, il mento, la barba sottile.
Suo marito.
Il passeggero era il marito di Mercy.

– Significa che sei sposata? – domanda Joan. Si sporge in avanti, appoggia i gomiti contro la copertina del suo libro.
– No – balbettò Mercy. – Cioè, non proprio. Io... –. La ragazza continua a spostare il peso da una gamba all'altra.
– I tuoi genitori volevano darti in sposa a quel tizio – esclama Joan. – È così, vero? Ti avevano promessa a lui. E tu non volevi.
Mercy fa sì con la testa.
– Quanti anni avevi?
– Quindici.
– E lui?
– Cinquantasei. Era uno zio. Una specie. Un vecchio amico di famiglia.
Joan si sente strizzare la gola, le manca l'aria. Prende *Cuore di tenebra*, e se lo stringe al petto come un talismano.
"Le bugie puzzano di morte", così dice Conrad nel libro.
Ma anche la verità puzza. Ed è l'odore fetido delle

cose accadute che, perciò, non si possono cambiare.

– Vieni – dice Joan.

Si alza in piedi, afferra Mercy e l'accompagna (la trascina) all'aperto, nel sole. La luce è accecante, ma fa più fresco che sotto il tendone. E ci sono degli alberi, poco lontano. Un po' d'ombra. Joan si dirige da quella parte.

– Dove andiamo?

La ragazza fatica a starle dietro. Joan cammina a passi lunghi e veloci.

– Ho bisogno che mi racconti tutto, dall'inizio – esclama la donna. – Se vuoi che ti aiuti, devo capire cos'è successo. Per bene. Con ordine.

– D'accordo – promette Mercy. – È successo durante le vacanze di Natale. Quando avevo quindici anni...

– Tu non andrai più a scuola.

Il papà era seduto su un secchio di metallo rovesciato, la schiena appoggiata contro il muro. La loro era una casa vera, di mattoni, molto diversa dalle capanne di fango del resto del villaggio. D'altronde la famiglia di Mercy era ricca. Poteva mandare i figli a scuola, in Uganda, dove non c'era la guerra.

– Che cosa significa?

– Quello che ho detto.

– Ma siamo a metà dell'anno scolastico! Gli altri... – protestò *Mercy riferendosi ai suoi cugini. – ...Sono già tornati in classe da un pezzo! E la mamma è partita*

per stare con loro! Sono rimasta qui per aiutarti, per un po', ma pensavo...

– Invece no.

Mercy sentì le lacrime che le annebbiavano gli occhi. Sopra di lei, il cielo era di un azzurro così intenso da fare male. Nell'aria il morbido ronzio delle mosche, profondo come un motore lasciato in folle.

– Voglio parlare con la mamma.

– La mamma è d'accordo. Abbiamo scelto insieme.

– Scelto cosa?

Papà sputò per terra.

– Ti sposerai – spiegò tranquillamente. – Hai quindici anni, ormai. Sei grande. Io e tua madre ti abbiamo trovato un marito.

Le disse un nome.

Mercy non poteva crederci.

Lo zio. Un vecchio magro come un osso spolpato, con i denti gialli come quelli di un ippopotamo.

– No – disse. – No, non voglio.

– Non sei tu a decidere – continuò suo padre, sempre sorridendo, con pazienza. – Decido io. Gli accordi sono già presi. Ti sposerai e basta.

– E tu cos'hai fatto? – domanda Joan.

– Ho pianto. Ho protestato. Ho smesso di mangiare. Ho giurato che mi sarei fatta uccidere piuttosto che sposare quell'uomo.

– E tuo padre?
– Prima si è arrabbiato. Mi ha picchiata. Poi mi ha chiuso in casa. Ha provato in ogni modo a convincermi, ma io ero pronta a tutto.

Joan può capirlo. Lo sguardo di Mercy non lascia dubbi sulla sua determinazione.

– Hai odiato tuo padre per ciò che ti stava facendo?

Mercy ci pensa su, poi scuote la testa.

– No. Perché lui era davvero convinto di fare la cosa giusta per me. Il mio bene. È la sua cultura che odio. Una cultura dove le donne sono oggetti, che puoi usare, che puoi vendere.

Joan prende un fazzoletto. Si asciuga il sudore dalla fronte. Lentamente.

– E poi?
– Alla fine si è arreso. Ha detto che se volevo fare a meno di sposarmi andava bene, ma non mi voleva più tra i piedi. Sarei dovuta andare in Uganda dalla mamma. Ho risposto: «Benissimo», ma doveva trovare qualcuno per accompagnarmi oltre il confine. E quando sono stata pronta a partire…

– *Oh, no* – *disse Mercy.* – *Non puoi mandarmi in Uganda con lui.*

Al volante del furgoncino c'era lo zio. Il suo futuro marito, o meglio, l'uomo che lei non avrebbe mai sposato.

– Era l'unico che avesse due giorni liberi – esclamò suo padre. – Farai il viaggio con lui e tua cugina Melody. O così, o niente.

L'uomo al volante le sorrise. Com'erano gialli, quei denti. Come zanne.

– Forza, Mercy – la salutò lo zio. – Andiamo a farci un giro.

La assalì un senso feroce di pericolo.

– Non posso – singhiozzò.

Suo padre le rifilò uno scapaccione come quando era piccola.

– Posso almeno... salire dietro con Melody? – mormorò Mercy.

– No, dietro ci sta lei. Tu davanti – ridacchiò lo zio. – Forza, vieni qua.

Picchiò la mano contro la finta pelle dei sedili come se fosse stato il fianco di una bufala. Mercy dovette obbedire. Partirono.

Per tutto il viaggio non spiccicò parola. Se ne restò rannicchiata in un angolo del sedile, il più lontano possibile dallo zio che invece rideva, parlava e parlava senza fermarsi mai. Mercy aveva pensato che sarebbe stato furibondo con lei, per avere rifiutato di sposarlo, invece sembrava così allegro. Sereno. Forse anche lui non aveva voglia di ritrovarsi una bambina come moglie. Forse la stava accompagnando in Uganda tutto contento. Quei pensieri, un po' per volta, la rassicurarono.

Verso sera arrivarono al confine, però era già tardi, di lì a poco sarebbe scattato il coprifuoco e continuare a viaggiare rischiava di essere pericoloso.
– Ci fermiamo – disse lo zio.
– Dove? Dobbiamo dormire in macchina? – domandò Melody.
– Ma no, sciocchina. Dormiremo lì.
Lo zio indicò l'insegna mezza spenta di un motel: una palazzina di cemento a tre piani, costruita a ferro di cavallo intorno a un parcheggio ingombro di macchine.
Parcheggiarono anche loro, scesero. Lo zio le portò con sé alla reception.
Lì, seduta su un divanetto sfondato, c'era la mamma di Mercy, con un abito a fiori e i capelli raccolti, le mani composte strette in grembo.
Vedendola, Mercy si sentì scoppiare il cuore.
– Mamma!
La donna non la guardò neppure. Lo zio le si piazzò davanti per impedirle di correre ad abbracciarla.
– Stai indietro – disse a Mercy. – Devo parlarle un attimo.
Era tutto strano, terribile. Perché la mamma non voleva parlare con lei? Si ritrovò fuori con Melody, a osservare l'uomo e la mamma che parlavano. Poi lo zio si avvicinò al bancone della reception e affittò due stanze. Salirono al piano di sopra trascinandosi dietro le valigie. Lo zio e la mamma entrarono nella prima

camera, Mercy e la cugina nell'altra. Non disfarono le valigie. Restarono lì, immobili, nel buio. Al di là della parete sottile sentivano le voci dei due adulti che parlavano, ma Mercy non riusciva a distinguere una parola.

Poi ci fu il rumore di una porta che sbatteva. Mercy si affacciò alla finestra e vide la mamma che scendeva le scale e raggiungeva il parcheggio, montava su un'auto scassata e si allontanava.

Stava andando via? Senza nemmeno salutarla?

Si precipitò fuori dalla sua camera. Sul pianerottolo c'era lo zio. Si voltò verso di lei. Sorrise.

– Non voleva parlarti – esclamò. – Non dopo quello che hai fatto.

Solo allora Mercy si accorse che la mano dello zio scintillava come se fosse fatta d'argento. Le sue dita scure stringevano una pistola.

Una pistola vera.

La puntò verso di lei, gli occhi di Mercy sprofondarono nel foro di tenebra della canna, poi il metallo gelido le si schiacciò contro la fronte.

– Vieni in camera – le sussurrò lo zio. – Sai che cosa ha detto tua mamma prima di andarsene? Che non vuole più vederti. Mai più. Che io posso farti quello che mi pare. E credimi. Lo farò.

In *Cuore di Tenebra*, Charles Marlow è un marinaio. Lavora al servizio di una compagnia specializzata nel commercio d'avorio e si ritrova in un accampamento sulle rive del fiume Congo. Gli viene affidata una missione difficile: risalire il fiume e raggiungere un altro accampamento più nell'interno dove si sono perse le tracce di un agente della compagnia chiamato Kurtz.

Kurtz è uno dei migliori commercianti d'avorio d'Africa, ed è anche molto malato. Il compito di Marlow è di ritrovarlo e riportarlo indietro.

Lasciato il porto sicuro, però, il fiume Congo si addentra nella giungla, che è sempre più fitta e spaventosa. Tra le liane si nascondono misteri che Marlow non vorrebbe mai dover scoprire. E quello che trova alla fine del suo viaggio è...

– L'orrore, l'orrore – mormora Joan, pianissimo.

Lei e Mercy stanno sedute sotto un albero, spalla a spalla, i piedi sprofondati nel terriccio.

Intorno a loro i rumori del campo in un pomeriggio come tanti. La fila degli uomini con le taniche da riempire d'acqua ai rubinetti. Un gruppo di bambini che giocano con un pallone di stracci. In sottofondo, lontano, la musica distorta trasmessa da qualche radiolina.

Nessuno ha sentito la storia di Mercy. E anche Joan, in realtà, non ha più voglia di sentirla. Fa troppo male.

Però, una storia va sempre raccontata fino in fondo. Anche se ci vuole un grande coraggio.

– Ha mandato via mia cugina – continua Mercy, lo

sguardo fisso davanti a sé. Poi mi ha torturata per tre giorni. Sembra poco. Tre giorni. Ma possono essere un'eternità intera.

Joan allunga una mano e gliela stringe.

– Alla fine ho capito che se volevo sopravvivere dovevo inventarmi qualcosa. Allora ho detto allo zio che ero pentita, che avevo sbagliato e l'avrei sposato. Bastava che mi riportasse a casa. Lui ha detto va bene. Poi mi ha mandato a fare la spesa.

– La spesa? – sbottò Joan. – Dopo averti fatto del male, ti ha mandato... al supermercato?

Mercy si stringe nelle spalle.

– Pensava di avermi spezzata. E poi, probabilmente, non aveva voglia di farsi tutta la strada a piedi fino al paese dove c'era il negozio. Sai come sono certi uomini.

Sì, Joan lo sapeva.

– Così sono uscita, sono andata al supermercato. E lì ho avuto fortuna. Quando sono entrata ho riconosciuto la cassiera, era un'amica di mia mamma. Era anche venuta a casa nostra, qualche volta. Appena mi ha riconosciuta mi è corsa incontro, ha capito subito che qualcosa non andava. «Mercy» ha detto. «Che ci fai qui?» Le ho raccontato tutto.

Joan annuì.

– Ti ha aiutato?

– Mi ha dato delle medicine e da mangiare. Poi mi ha portato da una sua amica che faceva la parrucchiera e aveva il negozio dall'altra parte della stanza. Mi sono nascosta nel ripostiglio di quel negozio. Per un mese intero. Lo zio intanto... Oh, si è infuriato. Mi ha cercata dappertutto. Ha fatto qualunque cosa per ritrovarmi, ma quella donna e la sua amica mi hanno salvata. Appena hanno potuto mi hanno infilato nel bagagliaio di una macchina e mi hanno portato dall'altra parte del confine. In Uganda. Al sicuro.

Joan tira un sospiro di sollievo.

– A quel punto la signora ha provato a contattare i miei genitori, ma loro non capivano. Erano ancora convinti che io e lo zio ci dovessimo sposare.

Assurdo, no?, dicevano gli occhi di Mercy.

Di nuovo Joan le sfiora la mano.

– Hanno addirittura cercato di farmi arrestare dalla polizia, non ci sono riusciti solo per miracolo. Ma era chiaro che dovevo nascondermi, far perdere le mie tracce. Così sono finita in un orfanotrofio. Ci sono stata per un po'... finché ho conosciuto Jonathan.

– L'uomo di cui mi parlavi all'inizio?

– Lui. Ha deciso di adottarmi e sono entrata a far parte della sua famiglia. Ho potuto tornare a scuola e vivere una vita normale. Per quattro anni. Mi sono diplomata.

– Finché la nostalgia di casa è tornata a farsi sentire.

– Dopo tutto quel tempo pensavo che i miei si fossero rassegnati. Mi sono messa in contatto con loro, abbiamo fissato l'incontro nel parcheggio. E quando ho visto che mio papà era venuto con lo zio, mi è caduto il mondo addosso. Ho capito che dovevo smettere di sperare. Non mi avrebbero mai lasciata vivere la mia vita.

Joan si rialza, si scrolla via la polvere dai vestiti. Raccoglie il suo libro. Ha la gola secca, le serve un goccio d'acqua.

– Sì – esclama. – È stato un errore provare a contattarli, Mercy. Avrebbero potuto farti male di nuovo. A te e a Jonathan.

– Per questo sono qui. Ho lasciato la mia nuova famiglia per venire a Kakuma. Se mi accettate... se mi fate diventare una rifugiata qui, in Kenya...

Ed ecco fatto. Erano tornate al cuore della questione. Dritte al punto.

Joan prende il suo romanzo e lo allunga perché Mercy possa vederne la copertina. C'è disegnata sopra una grande Africa stilizzata.

– Questo libro è stato scritto più di un secolo fa da Joseph Conrad. Era un rifugiato, anche lui. E un grande viaggiatore. Nel suo romanzo racconta la storia di un viaggio. E insegna che le fughe sono sempre di due tipi, Mercy. Si può scappare da qualcosa, oppure verso qualcosa.

Joan allarga le braccia per indicare le baracche, gli uomini in fila per l'acqua, i tendoni bianchi che sbocciano come fiori, in ogni direzione, per chilometri.

– Questo campo è un brutto posto, Mercy. Ti darò un telo di plastica e dovrai costruirti da sola un rifugio per la notte. Se vorrai una casa, dovrai costruirla con le tue mani. Dovrai farti degli amici, se ci riesci. E dovrai adattarti al cibo che, credimi, è davvero schifoso. Perciò devi fare una scelta. Puoi vedere il Kakuma Camp come un incubo. Oppure come un'opportunità. Un modo di raggiungere i tuoi obiettivi. Ce li hai, degli obiettivi, Mercy? Ce l'hai un sogno?

La ragazza si alza e spalanca un sorriso da bambina.

– Voglio fare la cantante – dice. – E voglio aiutare le altre donne. Le altre bambine come ero io. Perché non debbano vivere quello che è toccato a me.

– Una cantante e un'attivista? – ride Joan. – Be', parola mia, questo sì che è un sogno ambizioso. Secondo me si può fare.

Tende una mano nell'aria calda del pomeriggio.

– Allora facciamo un patto?

Mercy gliela stringe.

Poi il sole d'Africa le illumina mentre si abbracciano.

IL MONDO CAPOVOLTO

ILLUSTRAZIONE DI LAURA SCARPA

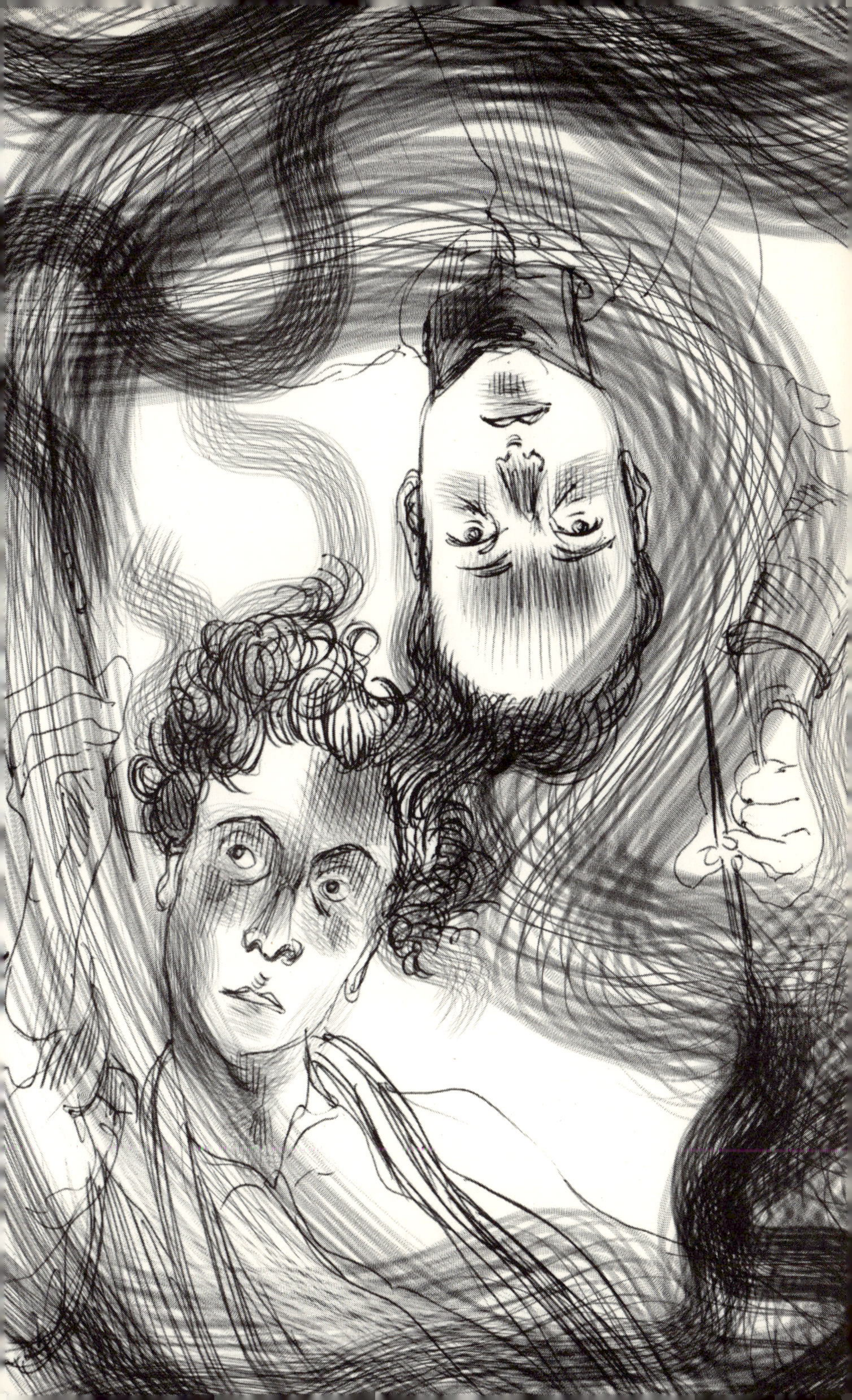

AUTORE: MICHELA MONFERRINI
PERSONAGGIO: MARC CHAGALL
RIFUGIATO: ABDALLA AL OMARI

Abdalla ha sempre saputo cosa sarebbe diventato. Lo sapeva già da bambino, e lo diceva con certezza, mentre i suoi amichetti rispondevano a quella domanda pescando tra i mestieri più assurdi, o forse semplicemente tra i sogni più complicati da realizzare. Chi desiderava diventare un astronauta come quelli visti sui fumetti, chi un campione di calcio come quelli osservati alla televisione, chi ancora un pilota di aerei come quelli immaginati guardando il cielo lassù, seguendo la traiettoria di quel mezzo fantastico perché mai preso, mai usato per andare lontano. Del resto, perché andare lontano? Vivevano nella città più bella del mondo, qualcuno di loro aveva sentito dire che fosse la città più antica di tutte, la prima a essere stata costruita; e che fosse stata la prima o no, di certo era la migliore, talmente bella che Abdalla aveva sempre saputo cosa avrebbe fatto da grande: il disegnatore. Avrebbe disegnato ogni angolo della sua città per farla conoscere anche a quelli che ancora non l'avevano vista, e se uno dei suoi amici fosse diventato un pilota di aerei gli avrebbe dato i suoi disegni da portare nel mondo, e se uno fosse riuscito a diventare astronauta, anche sulla Luna, anche sugli altri pianeti avrebbero saputo com'era bella la sua antica città, con le fontane nei cortili, il bianco splendente, gli alberi di limone, e la pietra liscia e lucida come uno specchio, dello stesso colore del mare quando finisce l'estate e si avvicina il primo temporale, cioè com'era il mare l'unica volta che Abdalla lo aveva visto da bambino, nel nord del suo paese. Da grande sarebbe riuscito a trasmettere con il disegno anche le cose che è difficile disegnare, tipo com'era potente il canto proveniente dai minareti, o il pane, com'era buono il pane della sua città; avrebbe disegnato il caldo, come potevano essere calde certe giornate di luglio o ancora com'era rassicurante, e dolce, addormentarsi nella sua stanza ascoltando la musica provenire dalla strada, quando gli adulti festeggiavano qualcuno o qualcosa, ballando e mangiando *ouzi* e carne secca fino a tardi.

Ora Abdalla è un ragazzino e quando dice che diventerà un disegnatore, quegli stessi adulti che ballavano fino a notte, sulla strada, ridono di lui e qualcuno si arrabbia anche - suo padre, per esempio; prima non ridevano: se uno diceva "Sarò un astronauta" non ridevano; se uno diceva "Sarò il capitano di una squadra di calcio europea" non ridevano; persino se uno diceva "Avrò una casa al ventisettesimo piano di una città straniera, e sul tetto avrò la piscina, l'elicottero e una moglie bionda", nessuno rideva; ma adesso ridono perché Abdalla e i suoi amici sono cresciuti, e bisogna trovare un mestiere serio e responsabile, bisogna dire che si farà l'insegnante di musica, o l'impiegato nella banca; il medico, o l'operaio nell'azienda di sapone di uno zio alla lontana.

Abdalla, però, continua a dire che farà il disegnatore, perché quando lui disegna, le cose prendono a esistere - così gli ha detto il suo maestro - e sa disegnare anche le cose che gli altri non riescono a disegnare, perché, oltre al talento, ha fantasia e creatività - anche questo gli ha detto il suo maestro, e che con la fantasia e la creatività si può tutto. Ora, poiché quello che disegna diventa vero, ha cominciato a disegnare alla rovescia quello che non gli piace vedere per le strade: la bambina che mendicava l'ha disegnata con un ampio vestito viola da regina e il collo bianco di pelliccia, e il giorno dopo lei è sparita dalla strada, non c'era più. Il nonno, che l'estate scorsa se ne è andato, l'ha disegnato seduto sulla porta di casa intento a bere una tazza di tè alla menta, e la tazza è comparsa pronta per essere lavata nel tinello della cucina, proprio una vera tazza di ceramica blu smaltata, col manico sbeccato. Il braccialetto d'oro della sua vicina di casa, che una notte è stato rubato mentre tutti dormivano, lo disegna riconsegnato con un biglietto di scuse e un gran fiocco giallo di seta, ed ecco che il ladro viene individuato e a casa sua viene trovata tutta la refurtiva, di molti furti, di molte notti, di tutto il quartiere.

Nel quaderno di Abdalla il mondo diventa capovolto, come nei quadri di quel pittore di cui gli ha parlato il maestro, che prima era russo e si chiamava Moishe, e poi è diventato francese e si è chiamato Marc. Anche intorno a Moishe tutti ridevano quando diceva di voler diventare un pittore, e che la scuola non gli interessava, perché tra le materie gli piacevano soltanto la geometria e il disegno. A complicare tutto, nel suo caso, si era messa la religione, che gli vietava di avere intorno immagini e riproduzioni d'arte, specie se sacre come quelle che piacevano a lui: così il giovane Moishe, a diciannove anni, non aveva ancora visto un quadro! Tutto questo lo dice ad Abdalla il suo maestro mentre sono a scuola, nella Città Vecchia, circondati - che fortuna! - dall'arte e dalla storia, e gli racconta che una volta ha fatto un viaggio in Francia fino alla tomba di quel pittore, in un piccolo paese arroccato su una collina, con un versante sempre al sole e sull'altro versante il minuscolo cimitero e la tomba piena di piccole pietre colorate di quest'uomo vissuto molto, molto a lungo, un pittore, un ex russo. Nei suoi quadri, Moishe faceva volare le persone, metteva loro le ali; le faceva librare, le faceva sedere sul tetto, più in alto di tutto, più in alto dei problemi di tutti i giorni che così diventavano microscopici come formiche, insignificanti; sotto, per la strada, poteva capitare qualunque cosa, potevano esserci i soldati cosacchi, poteva arrivare la carestia o un'inondazione d'acqua, poteva svilupparsi un incendio con fiamme altissime: ai suoi personaggi non importava più, perché lui li faceva vivere nel suo mondo capovolto, nel cielo invece che sulla terra, e all'occorrenza li faceva volare via lontano. Anche Moishe doveva avere quel dono, di far diventare reali le cose che disegnava, perché quando Abdalla aveva visto un suo quadro aveva sentito la musica, e nessuno direbbe che è possibile disegnare davvero la musica - non uno strumento, o il segno di una nota come *do re mi fa sol la si*, non un'orchestrina o uno spartito -, ma proprio la musica. E quando Moishe aveva disegnato i suoi personaggi che dovevano volare via, ecco che era dovuto andare lontano anche lui, prima esule e senza terra, poi improvvisamente francese, improvvisamente Marc. Ad Abdalla sembra il destino più triste, essere costretti a lasciare il proprio villaggio, la propria città; essere costretti a doversi nascondere o comunque a fuggire, cambiare nome, identità; ricominciare in un luogo in cui non si conosce nessuno, in cui non si capisce la lingua, in cui magari non si è nemmeno ospiti graditi - a lui non capiterà.

Così Abdalla adesso pensa spesso a quel pittore e al mondo capovolto e comincia a disegnare rovesciata anche la sua realtà: non scambia il cielo con la terra, lui, ma scambia i poveri con i potenti, distribuisce dignità e ricchezza tra i meno fortunati, relega i grandi signori del pianeta - i presidenti degli Stati, i cattivi di cui parlano i telegiornali, i proprietari di ogni cosa - ai ruoli marginali: oggi il Ministro della Guerra lo disegna senza vestiti su un letto di stracci, domani il Presidente degli SR, gli Stati Ricchi, lo lascia in bianco e nero in un luogo in cui fa sempre troppo caldo o troppo freddo e non ci sono cibo né acqua né medicinali a sufficienza per tutti. E un giorno fa diventare Ministro di Tutto il vecchio che ruba le scarpe alla Grande Moschea, e un altro giorno il suo amico Lufti - che non lo ha mai invitato a giocare perché si vergogna della casa in cui vive - prende quel posto di Presidente degli SR che era rimasto libero, e per tutta la famiglia di Lufti distribuisce titoli, onorificenze e ruoli, come la sorella di Lufti che nella vita di tutti i giorni non trova lavoro e nella vita disegnata diventa Portavoce delle Decisioni Importanti.

Nei disegni di Abdalla ci sono i treni colorati con cui tornano quelli che erano stati costretti a lasciare la propria casa, e ci sono lunghe file di persone che invece devono andarsene e non vorrebbero, e hanno i volti di quelli che nella vita reale hanno obbligato qualcuno a scappare, o si sono rifiutati di accogliere qualcun altro.

Così è un mondo giusto, si dice Abdalla, e va avanti per un bel po'. Ormai ha ridisegnato l'intera sua città, riempiendo molti quaderni, soprattutto perché negli ultimi tempi non è stato molto bene, si è preso una brutta influenza, la febbre era alta e non scendeva, e sua madre non gli ha permesso di uscire per diversi giorni, anche dopo la guarigione. Quando Abdalla rimette il piede fuori dalla sua abitazione decide che per prima cosa andrà a cercare Lufti, per fargli vedere i suoi disegni: non è mai stato invitato, ma sa perfettamente qual è la sua casa e si dirige a passo svelto, quasi correndo, contento ed eccitato per la libertà ritrovata. Forse troppo contento ed eccitato, perché a un tratto Abdalla capisce di essersi perso, credeva di essere arrivato davanti alla casa di Lufti, ma di quella vecchia, scrostata palazzina non c'è traccia: al suo posto un muro lungo, senza interruzione, tanto alto che non è possibile vedere cosa ci sia dall'altra parte nemmeno saltando, tanto grigio che non si distingue il cancello di ferro da cui proprio adesso esce un bambino. Un bambino che sembra Lufti. Un bambino che *è*, Lufti. Abdalla fa per chiamare il suo amico, ma lui è circondato da persone adulte, serie. Lufti lo guarda senza espressione, come senza pensare, di certo non riconoscendolo, poi fa un cenno a due degli uomini che lo circondano, come fanno i cani che si muovono in branco, e quelli si avvicinano ad Abdalla e prendono a spintonarlo, ad allontanarlo prima dal muro della casa, poi dalla strada, infine dall'intero quartiere in cui Lufti è cresciuto, che è il suo vecchio, povero e brutto quartiere e che ora è irriconoscibile, come se nel tempo dell'influenza di Abdalla su queste strade fossero caduti di colpo almeno due decenni di ricchezza e progresso, una discreta economia e un pizzico di cattivo gusto occidentale.

Abdalla, inseguito e scacciato dal branco, torna verso la sua casa incredulo, forse non è guarito, forse ha ancora la febbre. Dovrebbe attraversare la città e raggiungere il centro, lui vive in centro, ma si perde senza capirci più nulla, nulla riconosce, interi quartieri hanno cambiato volto. Intorno a lui, nessuno pare disposto ad aiutarlo, le persone litigano, si insultano, camminano dritto guardando a terra, non si accorgono, vanno di fretta.

Un uomo soltanto si avvicina e sembra notare il suo spaesamento; ha un occhio nero come se lo avessero colpito di recente, pare sofferente, ma è gentile, affabile e ad Abdalla sembra quasi familiare, come se lo avesse già visto da qualche parte, come se lo conoscesse. Mentre l'uomo gli chiede se si sente bene, se ha bisogno di aiuto, il ragazzino lo riconosce! È un politico della sua città, i giornali ne hanno parlato per mesi, è un corrotto, un criminale, un ladro. Ma come si è ridotto, come ha fatto a finire in questo stato?

Di colpo, Abdalla ricorda: in uno dei suoi quaderni, lo ha disegnato esattamente come lo vede adesso di fronte a sé, con gli stessi vestiti, lo stesso occhio nero («Meriterebbe un bel pugno» dice sempre il padre di Abdalla quando vede alla Tv quel politico, e lui ha provveduto), e un bambino che tiene per mano, un bambino che adesso è Abdalla. Allora è proprio vero, ed è tutto chiaro: quello che ha disegnato è diventato reale, la città si è riconfigurata come sulla carta, interi quartieri si sono spostati, intere famiglie anche, tra chi è tornato da molto lontano e chi invece giustamente è stato mandato via. Giustamente? Ora Abdalla non è più così sicuro che fosse proprio questo, quello che desiderava. Non è felice di camminare dentro al mondo della sua fantasia, gli pare che le ingiustizie non siano scomparse, ma abbiano solo cambiato indirizzo.

Non sapendo più dove dirigersi, Abdalla cerca il suo maestro, sicuro che almeno lui non sia cambiato; del resto, non lo ha mai disegnato. E infatti eccolo, il maestro, identico a sé stesso, rassicurante. Abdalla si lascia andare, è disperato, si sente responsabile, colpevole di un errore imperdonabile, di aver creduto di poter risolvere tutte le ingiustizie grazie alla punta di una matita. – Su, su, – lo consola il maestro – in fondo hai commesso solo un piccolo sbaglio. Hai pensato di capovolgere il mondo, ma un mondo di ingiustizie, se lo capovolgi, resta un mondo di ingiustizie. Prendi

Lufti, prendi il tuo amico: le persone a cui hai voluto dare un qualche potere, hanno esercitato quel potere con la stessa prepotenza, la stessa arroganza, la stessa brama di chi li ha preceduti. E questo è avvenuto perché tu hai il potere di dare vita a ciò che disegni, e hai anche il potere di disegnare quel che altri non sanno disegnare, ma non hai il potere di disegnare ciò che non conosci e c'è qualcosa che è indispensabile perché le ingiustizie non si ripetano identiche a sé stesse con il passare del tempo, ma è un qualcosa che tu sei troppo giovane per conoscere.

Abdalla è tutto orecchi, non riesce davvero a capire cosa non conosce e che avrebbe fatto sì che il suo amico Lufti non lo scacciasse in malo modo. – La memoria, – dice a un tratto il suo maestro – sei troppo giovane per sapere davvero cos'è la memoria, ma arriverà il giorno in cui potrai disegnare i tuoi personaggi dotandoli della memoria del passato, e allora potranno essere re, ministri, comandanti dell'esercito, piloti, presidenti, possidenti... se avranno memoria di una vita diversa, non ripeteranno gli errori di cui loro stessi sono stati vittima, e non saranno prepotenti, arroganti, vendicativi. Tutto quello che devi fare è crescere e aspettare. E se nel frattempo sarai stato testimone di ingiustizie, se il mondo diventando grande ti piacerà ancor meno, se per caso anche per te arrivassero i cosacchi o chi per loro – a mandarti via, a farti fuggire dalla tua casa, allora fai come quel Moishe diventato Marc, ridisegna il tuo mondo capovolto, mostra a tutti la grandezza delle tue origini, dei tuoi luoghi, ma scegli bene i colori per disegnare la memoria.

E così dicendo, mentre pronuncia la parola *memoria*, il maestro prende a salire la scala che porta al tetto della sua abitazione e di lì scompare alla vista di Abdalla lasciando solo dietro di sé una lunga scia. Sembra colore a olio.

I POSTI CHE SIAMO

ILLUSTRAZIONE DI MARIACHIARA DI GIORGIO

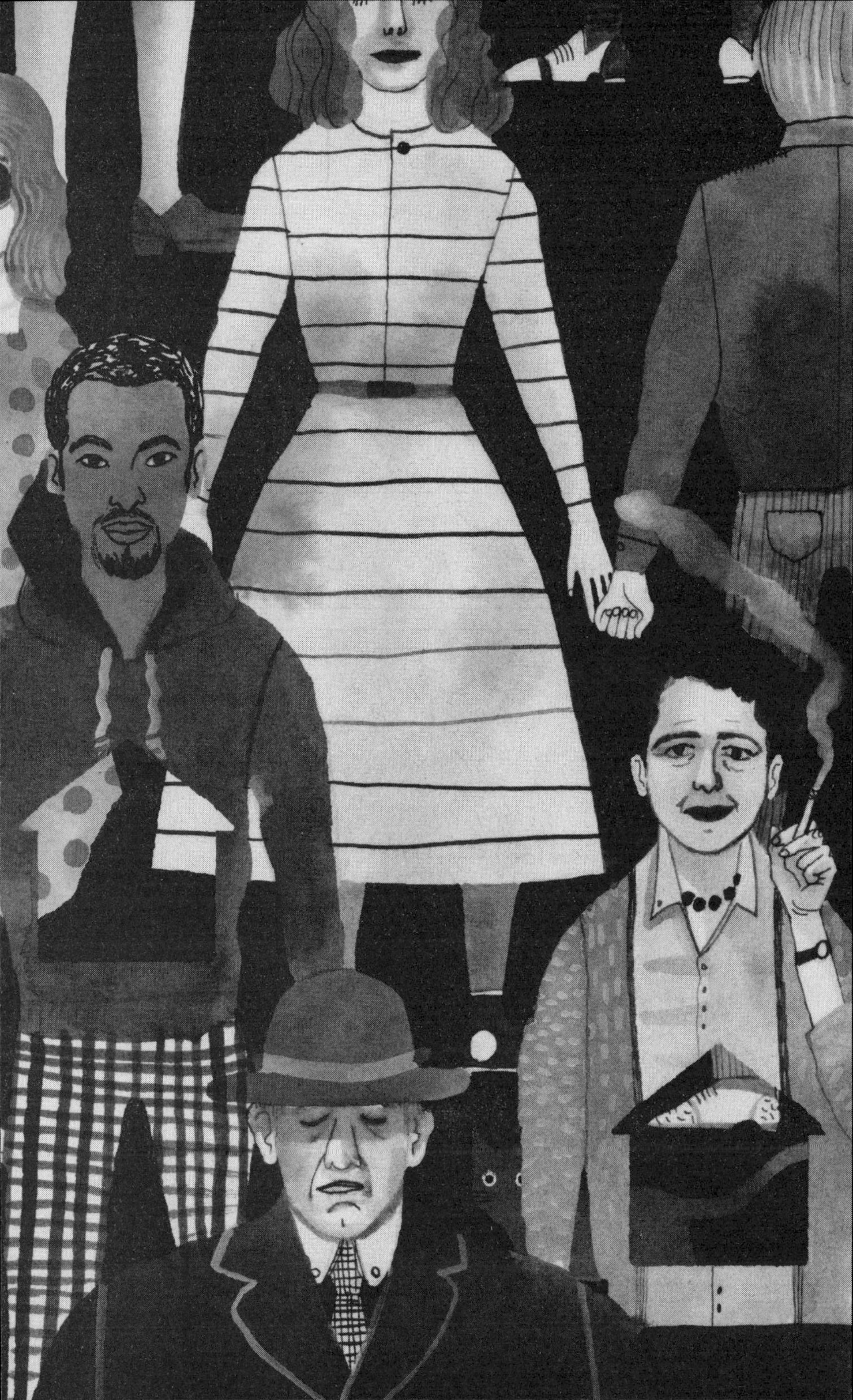

AUTORE: CARLO GREPPI
PERSONAGGIO: HANNAH ARENDT
RIFUGIATO: ABDULLAHI AHMED

Ricordi quando sei arrivato?

Certo che sì, come potresti dimenticarlo. Il fatto è che me lo ricordo anche io, e credo di sapere perché: avevi vent'anni e non avevi lo sguardo perso, sai, ma curioso. Questo mi è rimasto impresso, tantissimo. Ho pensato a lungo che tu fossi un migrante, ma poi un giorno, finalmente, ho capito. Non molti giorni fa, se devo essere sincero, proprio quando festeggiavi i tuoi dieci anni di permanenza qui in Italia, ho capito che tu in realtà eri un esule. Forse lo sei ancora, almeno in parte, forse non lo sei più: nessuno può dirlo meglio di te.

"Esule" è una parola che nasconde un significato speciale, so che adesso la conosci perché ne abbiamo parlato ieri in macchina, ma non ti eri mai definito così da quando sei sbarcato a Lampedusa, dieci anni e qualche giorno fa. Sei cittadino italiano come me, ormai: hai il passaporto uguale identico al mio, rosso scuro, con la tua faccia sempre sorridente stampata sopra. Il nome ovviamente è diverso, e anche la data di nascita e tutte quelle informazioni che ci sono sui passaporti. Ma prima che lo riempissero con le scritte e con la foto, per poi metterci i timbri a ogni viaggio, era proprio uguale identico.

Un esule, dicevo, è una persona che è costretta a vivere lontana da casa. A trovarne un'altra, di casa, a vivere in "esilio", cioè a centinaia o migliaia di chilometri dal posto in cui è nata, per un certo periodo di tempo o per tutta la vita. Sai, quando avevo dieci anni o giù di lì pensavo che gli esuli ci fossero solo nel passato, per me era una specie di sinonimo di "eroi" (e un po' lo è ancora, ora che ho più di trent'anni). Pensavo che avessero la barba lunga e dei larghi cappelli tipo Garibaldi e i Tre Moschettieri, pensavo che si chiamassero "esuli" per un po' di pagine, quando erano costretti a nascondersi in un altro paese prima di tornare a combattere per la libertà. Poi, quando la storia finiva, arrivavano di nuovo a casa e non lo erano più. Si ricomponeva tutto, di solito, nelle storie che ascoltavo da bambino.

Un esule, invece, è uno che si deve cercare un'altra famiglia, anche se la sua c'è ancora, ma è lontana. Un esule è una persona che ha avuto una sfortuna tremenda, che ha perso molte certezze che si danno spesso per scontate. Tutte quelle certezze che, se arriva la guerra nel tuo paese come è successo a te, da un giorno all'altro possono non esserci più. La casa, appunto, e poi la famiglia, se devi partire o se decidi di farlo. E anche la tranquillità, la serenità... Non so perché ti sto dicendo tutte queste cose che tu conosci perfettamente, eccome se le conosci. Tu hai sentito gli spari nel tuo quartiere, hai visto i tuoi amici scomparire, sei scappato da una prigione dove ti tenevano senza motivo e sei stato davvero coraggioso, hai avuto paura di morire tante di quelle volte che io neanche me le posso immaginare. La Somalia è lontanissima, lo sapevo già prima di scriverti questa lettera, ma ho dovuto controllare quanto. La città che era casa tua, Mogadiscio, è a più di diecimila chilometri da qui. L'Italia, per dire, è lunga meno di milleduecento chilometri. Per arrivare in Somalia devi fare undicimilaecentotrentanove chilometri, mi dice Google Maps, cioè praticamente dieci Italie da nord a sud o da sud a nord. Naturalmente io, che sono nato nella parte fortunata del mondo, questo viaggio lo posso fare in aereo. Ma se facessi in macchina il "percorso più rapido in questo momento, in base alle condizioni del traffico", sempre secondo Maps, dovrei passare da un sacco di paesi. Dieci, per essere precisi. Francia, Spagna (e qui finisce l'Europa), e poi Marocco, Algeria (e qui finisce l'Africa del nord), e poi (e qui comincia l'Africa "subsahariana", cioè quella sotto il deserto del Sahara) Niger, Nigeria, Ciad, Repubblica Centrafricana, Uganda e Kenya. Ad arrivare in Africa orientale, dove c'era casa tua, ci metterei centosessanta ore, cioè più di sei giorni senza fermarmi mai e viaggiando anche la notte. Se decidessi di farlo a piedi, il computer suggerisce di passare dalla Tunisia, dalla Libia, dall'Egitto, dal Sudan e dall'Etiopia. È la strada più rapida, ma è anche la più pericolosa, perché Maps non ti dice mica dove c'è la guerra e dove non c'è, dove rischi di essere fatto prigioniero e di essere ucciso senza motivo e dove invece puoi passare senza problemi. Anche se mi andasse tutto bene, se nessuno mi fermasse o mi uccidesse mai, a piedi ci metterei milleseicento ore, cioè un po' più di due mesi, sempre senza fare pause e viaggiando anche la notte. Cosa che, onestamente, per un essere umano mi sembra impossibile.

Lo so che tu hai fatto questa strada, e lo so che tu ci hai messo molto di più: ti ci sono voluti sette mesi, per fare tutti quei chilometri nel caldo africano, tra le dune del deserto e poi sul mare, sperando di non andare a fondo, come capita a troppi esseri umani, tutti i mesi. Perché in quel viaggio muoiono tantissime persone, lo sappiamo.

So che hai scritto una lettera alla tua mamma quando, a diciannove anni, hai deciso di partire dalla tua città, Mogadiscio, e dal tuo quartiere, che si chiama Tawfiq. Sapevi che avresti potuto non farcela, sapevi che avresti potuto morire come è successo a tuo cugino Omar, che è partito un anno dopo di te ma non è mai arrivato a destinazione. Probabilmente è andato giù in mare, perché tu sai che fino alla Libia, fino in riva al mar Mediterraneo, ci è arrivato. Non hai idea di quanto mi dispiace, di quanto fa male: lo so che non è colpa mia, ma mi vergogno, perché se voi che partite da lontano non potete viaggiare sicuri è colpa dei governi europei. Tu e tuo cugino Omar avete avuto un coraggio immenso, inimmaginabile - siete stati eroici, a dir la verità. Non siete stati imprudenti: il problema è che per scappare dalla guerra siete stati costretti a fare quel tragitto infinito, e la responsabilità di questo viaggio lungo e pericoloso è solo di chi non vi permette di prendere un aereo e di viaggiare come vorreste, spendendo anche molti meno soldi. Google Maps lo possiamo perdonare perché alla fine sta dentro a un computer e non lo hanno dotato di un cuore, ma i politici che non vogliono farvi arrivare qui, per me non si possono perdonare. Io, almeno, non li perdonerò mai: l'ho capito molto tempo fa.

A proposito, scusami se invece ci ho messo tanto a rendermi conto che sei un esule: a volte le cose che conosciamo di persona sono quelle che facciamo più fatica a nominare, a volte è più difficile definire quello che abbiamo davanti agli occhi. Perché tu, prima di tutto, sei un mio amico. Io ti chiamo "fratello", e tu chiami così me, e questo mi regala tanti sorrisi, anche se non te l'ho mai detto.

Scusami, dicevo, se non mi sono reso conto che eri un esule, in questi dieci anni, scusami se non l'ho capito neanche quando la città di Settimo, la tua nuova casa qui in Italia, ti ha dato la Cittadinanza Onoraria prima ancora che tu diventassi ufficialmente un cittadino italiano. La sala del Comune era strapiena di gente e tu eri elegante, come quando poi hai avuto la cittadinanza italiana. E niente, io continuavo a non pensare che la tua storia era davvero molto simile a quella di una esule, una ragazza che si chiamava Hannah.

Lei aveva ventisette anni quando è stata arrestata e messa in prigione, senza nessuna colpa. Sai di cosa parlo perché è successo anche a te, di finire in prigione senza avere fatto niente di male, quando sei stato catturato al confine tra l'Etiopia e il Sudan: ci sei stato tre giorni, prima di riuscire a scappare. Non avevi neanche più le scarpe, hai attraversato un fiume e per tua fortuna hai incontrato un pastore che ti ha dato le indicazioni per proseguire il tuo viaggio.

Anche a Hannah è capitata una cosa simile, sai?

Come te ha avuto coraggio, e come te ha avuto anche fortuna. Attraverso una casetta al confine tra la Germania e la Cecoslovacchia è riuscita a passare in Svizzera e poi in Francia, dove si è impegnata per aiutare chi come lei scappava dai nazisti, che sono un po' come i fascisti, ma tu queste cose le sai. Erano e sono (sì, esistono ancora) uomini feroci, violenti, che hanno come obiettivo quello di togliere diritti agli altri, a chi considerano "diverso" da loro, e di avere più potere possibile. La Germania del dittatore Hitler aveva stabilito che la gente come Hannah non aveva gli stessi diritti degli altri, e allora lei ha deciso di scappare. Era più di ottant'anni fa, e pensa che se tu ci hai messo sette mesi, che già sono tantissimi, lei ci ha impiegato otto anni a trovare una nuova casa. Non ha viaggiato per otto anni di seguito, eh, senza fermarsi e senza dormire, se no avrebbe fatto almeno un paio di volte il giro del mondo, ma non poteva saperlo con precisione perché Internet all'epoca non c'era (non c'era neanche la Tv). Si è fermata diverse volte: prima è stata un po' in Svizzera, poi in Francia, poi è passata in Spagna e poi non è scesa in Africa ma è andata in Portogallo, che è vicino alla Spagna e si affaccia sull'Oceano Atlantico. Pensa che se fosse venuta fino nella tua Somalia sai chi ci avrebbe trovato, ottant'anni fa? Non te (non eri ancora nato) ma gli italiani, che avevano occupato militarmente il tuo paese d'origine e si comportavano come un feroce esercito di conquistatori. Molti dei problemi che la Somalia ha avuto negli anni successivi sono dovuti a questo: al fatto che gli italiani hanno rapinato il paese a lungo, proprio nel periodo in cui Hannah cercava di scappare dal nazismo.

Ti dicevo che Hannah, come tanti altri, passava le

frontiere di nascosto perché, allora come oggi, c'erano uomini senza pietà che non volevano accogliere chi stava scappando o chi, semplicemente, è in viaggio. Come è successo a te, però, le hanno dato una mano. Per fortuna ogni tanto c'è qualcuno che dimostra di essere una persona perbene, di avere buon cuore, e aiuta chi è costretto a fare viaggi pericolosi, anche se questo dovesse significare rischiare di prendere una multa o di finire in prigione.

Scusa se ogni tanto mi perdo, ma ho molte cose da dirti. In Europa in quegli anni c'era la guerra, nel periodo in cui Hannah attraversava le frontiere di nascosto, dico, esattamente come in Somalia quando sei dovuto scappare tu. E quando Hannah è riuscita a imbarcarsi per rifugiarsi negli Stati Uniti d'America, è successa una cosa che conosci benissimo, perché la racconti sempre quando vai a parlare nelle scuole. Due uomini più o meno della nostra età, insieme a uno un po' più vecchio di loro, in un'isola del Mediterraneo che non è Lampedusa (dove sei arrivato tu e dove arrivano molti viaggiatori) ma è Ventotene, hanno scritto uno splendido "manifesto" per "un'Europa libera e unita". Sognavano un mondo senza guerre, in cui i popoli che si stavano combattendo collaborassero e non si uccidessero più a vicenda. Lo sognava anche Hannah, lo sogniamo in tanti, e lo sogni anche tu.

All'epoca, molti li consideravano degli illusi: non

era mica facile da immaginare un'Europa in pace, sai? È la stessa cosa che tu sogni oggi, per il continente in cui sei nato e in cui hai vissuto i primi vent'anni della tua vita. Un'Africa in pace e, perché no, pure unita. Sarebbe bellissimo, e pensa se poi anche i continenti si unissero: potremmo chiamarci tutti fratelli come io e te già facciamo, e chissenefrega dove siamo nati, l'importante è che sappiamo di essere parte di tante comunità, come Hannah aveva capito benissimo. A proposito: Hannah di cognome si chiamava Arendt, ed è diventata famosissima per i suoi libri. E ha scritto anche di questa cosa che in troppi chiamano "identità" che è una parola assurda che non dovrebbe esistere, perché ciascuno è "identico" solo a se stesso, e secondo me dovremmo chiamarlo "senso di appartenenza". E non significa essere uguale identico a qualcun altro (sarebbe impossibile, a meno che tu non sia un passaporto appena stampato) ma sentirsi parte di qualcosa. Non c'è niente di male, soprattutto se lo impariamo fin da bambini e se non ci porta a escludere gli altri.

L'importante, dicevo, è che ci sentiamo un po' parte della nostra scuola e un po' della nostra famiglia, un po' del nostro quartiere e un po' della nostra città o del nostro paese. Un po' dello Stato in cui viviamo e un po' di quello in cui siamo nati (a volte coincidono). Un po' del posto in cui sono vissuti i nostri genitori o i nostri nonni e un po' di quello in cui stiamo vivendo noi (è più difficile che coincidano). Un po' dei posti in cui siamo stati e un po' di quelli in cui vorremo andare. E un po', anche, dei posti in cui non andremo mai.

Buona strada, fratello Abdullahi, ti voglio bene.

IL VIAGGIO PIÙ LUNGO
È DIVENTARE CHI SEI

ILLUSTRAZIONE DI RITA PETRUCCIOLI

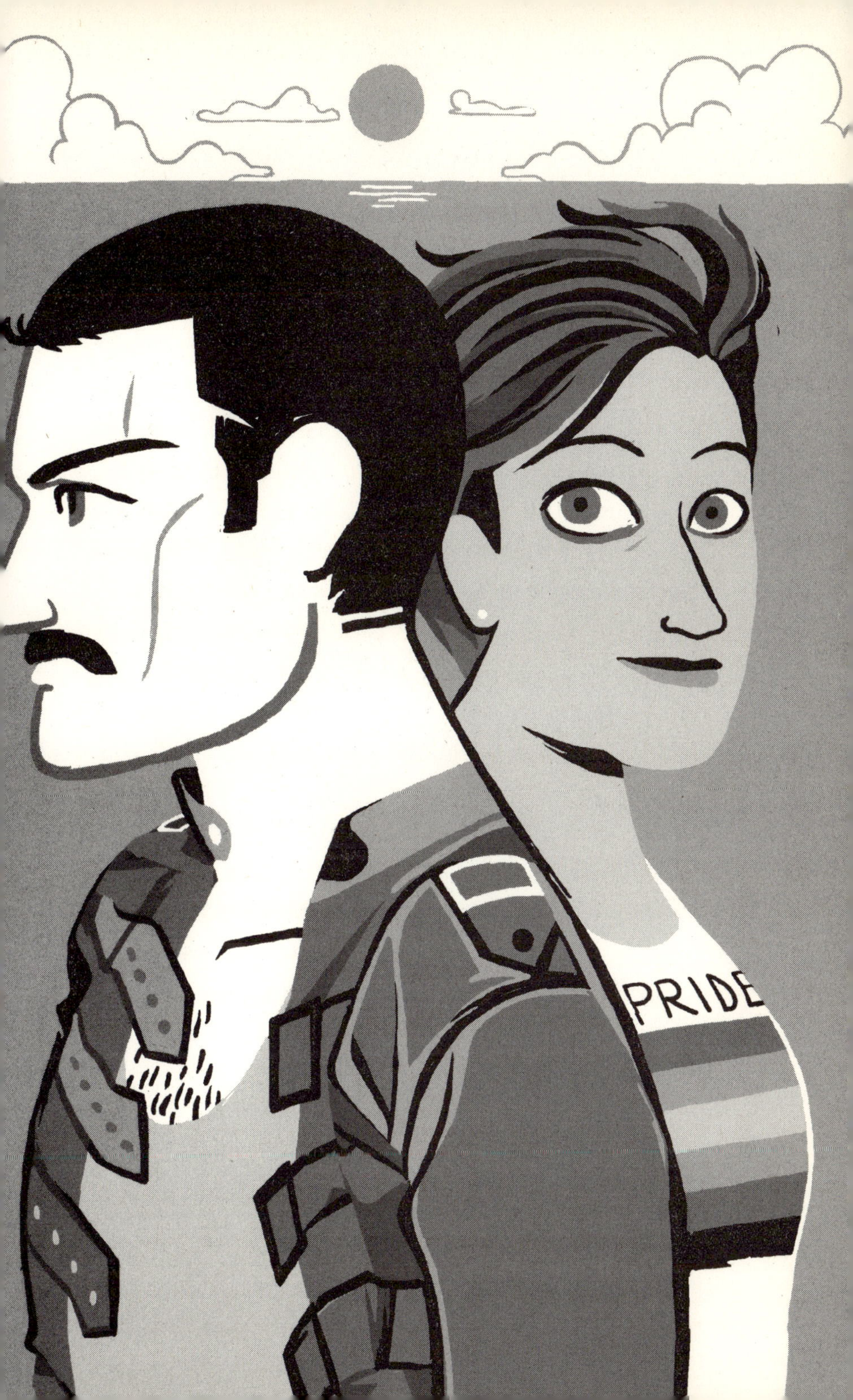
PRIDE

AUTORE: HELENA JANECZEK
PERSONAGGIO: FREDDIE MERCURY
RIFUGIATO: AMANI ZREBA

Questa è la storia di una bambina che nell'estate del 1985 ha quattro anni e di un uomo che ne ha quasi quaranta. Un giorno la bambina gioca sul tappeto, quando il telegiornale attira il suo sguardo. Quello che vede Amani è un fuoco altissimo, un rogo. Chitarre, batterie, tastiere, bassi e sassofoni consumati dalle fiamme. Nel suo paese nordafricano è proibito suonare la musica occidentale e pure ascoltarla di nascosto. Ma questo non lo capisce ancora, la piccola Amani, incantata dalle fiamme.

L'uomo sale sul palco dell'affollatissimo stadio di Wembley, a Londra, circa un mese dopo. La platea risponde con un solo grido alle prime note cantate da Freddie Mercury, diventa un mare di braccia ondeggianti, di mani che battono il ritmo dei brani più famosi dei Queen eseguiti uno dietro l'altro: *We Will Rock You*, *We Are the Champions*.

I Queen fanno parte dei tantissimi artisti che hanno accettato di esibirsi per aiutare la popolazione che muore di fame in Etiopia. Non c'è mai stato un concerto come il Live Aid: tenuto sia a Londra sia negli

Stati Uniti, trasmesso in oltre cento paesi, visto da un milione e mezzo di persone. Freddie non sta bene, ma in quei venti minuti si impegna a dare il meglio. Percepisce in ogni fibra del suo corpo, in ogni sforzo delle corde vocali, che il mondo intero lo sta guardando mentre si esibisce su quel palco spoglio di tutto tranne che del simbolo di Live Aid: il continente nero disegnato come una chitarra elettrica. Però nessuno di quelli che seguono l'esibizione leggendaria ha la più pallida idea che anche Freddie Mercury sia arrivato dall'Africa.

Farrokh è sul ponte posteriore della nave, la sirena ha annunciato la partenza. Il fumo nero vola sopra la sua testa ben pettinata, vola indietro, quasi a toccare la banchina, dove sua madre e la tata con la sorellina in braccio hanno smesso di salutarlo e ora si avviano verso la spiaggia di Zanzibar. Quando la nave punta verso l'oceano, il bambino vede rimpicciolirsi le antiche case di Stone Town, i minareti delle moschee e i campanili, persino il Palazzo delle Meraviglie, ultima reggia del sultano che si è sottomesso all'Impero britannico. Suo padre lavora lì come cassiere dell'ufficio coloniale, ma adesso ha preso tutte le ferie per accompagnarlo nel suo lungo viaggio.

Farrokh guarda il mare trasparente dove ha fatto gli ultimi bagni con gli amici. La nave è ormai troppo lontana dalla costa perché possa riconoscere i puntini che cercano i suoi occhi: Kashmira che scappa dalle braccia nere di Sabine per correre incontro a Jer, sua madre, i piedini che affondano nella spiaggia bianca.

È questa l'immagine che porta con sé mentre, all'età di otto anni, si lascia alle spalle l'isola dove è nato per attraversare oltre tremila miglia di Mare Arabico.

Farrokh e suo padre arrivano a Bombay dopo due settimane, si fermano qualche giorno da una zia paterna per riposare e fare visita agli altri parenti. La sera prima di accompagnarlo alla stazione, il padre lo invita ad ascoltarlo. Parla dei sacrifici fatti per mandarlo alla St Peter's School, il rinomato collegio fondato nel 1904 dagli inglesi. Gli dice che per lui, Bomi Bulsara, è importante poter offrire a suo figlio un'ottima educazione, paragonabile a quella delle scuole private in Gran Bretagna. Gli ricorda che lui era partito dall'India con il semplice proposito di dimostrarsi un lavoratore infaticabile e affidabile, seguendo gli insegnamenti della loro antichissima religione zoroastriana.

– Buoni pensieri, buone parole, buone opere: basta questo per onorare il Creatore che noi siamo stati i primi a venerare. Per te, Farrokh, ora significa rispettare le regole, studiare, comportarti bene con i compagni e gli insegnanti…

Lo sforzo di trattenere le lacrime è talmente grande

che Farrokh non sente la fine del discorso. Non può sfogarle neanche il giorno dopo sul vagone pieno di alunni della St Peter's, tutti più grandi di lui di almeno un anno. E nemmeno sul pullman da Pune a Panchgani, dove si trova il collegio. Per tenere a bada i conati che gli provocano le curve interminabili, Farrokh guarda fuori dal finestrino sporco. Il paesaggio di verdissime colline è stupendo, ma lui non è mai stato in montagna. Dopo le ultime tre, quattro ore di viaggio, che terminano con l'ingresso alla St Peter's, si sente trasportato su un altro pianeta.

– Perché mi avete mandato via? – grida a denti stretti quella sera, la faccia sul cuscino che si bagna di lacrime. Non è l'unico a piangere nel buio della camerata, ma il solo a cui sfuggono dei singhiozzi così acuti.

Farrokh Bulsara diventa uno studente né bravo né scarso. Va meglio nelle materie che gli piacciono, l'arte e la musica, ma anche nella corsa e nel cricket ottiene buoni risultati. I compagni prendono a chiamarlo Bucky, "leprotto", per via dei dentoni, soprannome con cui comincia a fare parte del gruppo, nonostante i modi un po' bizzarri, a volte parecchio da femminuccia. Ma Farrokh non dà peso alle battute e alle risatine, anzi esprime con naturalezza che è fatto così, prendere o lasciare. Non ha mai più frignato da quella prima notte, quando ha sepolto la nostalgia girando il cuscino dalla parte asciutta. Zanzibar è così lontana che riesce a tornarci solo per le vacanze estive ridotte a un mese scarso, visto che l'altro mese si consuma nei viaggi di andata e di ritorno. Le vacanze di Natale, Farrokh le trascorre a Bombay dai suoi parenti. Si affeziona alla sorella di sua madre, la zia Sheroo, che lo incoraggia a dipingere e lo manda a lezione di pianoforte. Così, quando torna alla St Peter's, convince i suoi amici a mettere in piedi un gruppo che battezzano "i frenetici", The Hectics. La scuola dà il permesso di tenere dei concerti, ai quali sono ammesse persino le alunne del collegio femminile. Le studentesse si piazzano davanti al palco e acclamano a squarciagola le canzoni di Elvis Presley, come fanno le ragazze americane. Farrokh si scatena al piano, tiene il ritmo per gli altri membri della band, tutti vestiti con camicia bianca e cravattina nera. Dovrebbe essere contento ora che è tanto popolare da guadagnarsi un nome adatto a un vero rocker: Freddie.

Intorno ai diciassette anni comincia ad andare male a scuola. Non studia perché non ne ha più voglia o ha altro per la testa? Un amore infelice o qualche domanda a cui non trova una risposta? – Perché non sono come vorrebbero i miei genitori e i miei insegnanti, perché non sono come gli altri?

Quando alla fine dell'anno non raggiunge la

sufficienza, prende per l'ultima volta il treno per Bombay e poi la nave diretta a Zanzibar. Convinto che tra poco diventerà un artista a Londra, in riva al mare trasparente Freddie sogna il futuro.

Anche Amani è nata e cresciuta vicino al mare. Tripoli sembra un alveare gigantesco quando si volta a guardarla dalla spiaggia. Da piccola ci veniva con i genitori, poi con i fratelli, più tardi con le amiche. Il colore dell'acqua non è cristallino come a Zanzibar, ma non si può chiedere di meglio a una città di porto. La esalta però sapere che sulla sua sponda del Mediterraneo comincia l'Africa, mentre davanti a lei ci sono la Sicilia e l'Europa, dove nessuno avrebbe da ridire se continuasse a tuffarsi come faceva da bambina.

Amani Zreba ha imparato che il colonnello Gheddafi ama il suo popolo, le donne in particolare. In Libia anche le bambine vanno a scuola e, da grandi, possono svolgere dei lavori come l'infermiera e l'insegnante che vanno d'accordo con il destino femminile di avere dei figli e crescerli nel rispetto del Corano e della patria.

Amani non si sente portata per fare l'insegnante o l'infermiera come le altre ragazze. Le piace correre, andare in bici, giocare a palla. E non vuole mai restare a casa ad aiutare la mamma a rassettare e cucinare. Sua madre ha cominciato presto a preoccuparsi, suo padre sosteneva che erano le paure esagerate delle donne.

«Amani è ancora piccola,» diceva «lascia che si sfoghi.»

«Tua figlia mi urla in faccia che non le serve imparare i mestieri di casa, perché tanto non si sposa!»

«Cosa vuoi che ne sappia una bambina!» rideva suo padre. E mentre i suoi genitori bisticciavano, Amani era già sgattaiolata fuori a incontrarsi con le amiche.

Succede che a volte i sogni si avverano, ma in una maniera del tutto diversa da quella che avevi sognato. Farrokh Bulsara ha finito da poco la scuola superiore, quando scoppia la rivoluzione. Zanzibar ha ottenuto l'indipendenza dal Regno Unito, ma il partito che ha vinto le elezioni rappresenta la minoranza araba che, nei secoli, ha oppresso la maggioranza nera. Fino al 1873 Zanzibar era una delle piazze principali della tratta degli schiavi. Uomini e donne rastrellati nel cuore dell'Africa, venduti al mercato di Stone Town, portati in catene sulle navi che rifornivano la Penisola Arabica di quella merce umana assai meno preziosa di pepe, cannella e chiodi di garofano.

Mentre due partiti africani si contendono la guida della rivoluzione, un uomo venuto dal continente riesce a organizzare delle milizie. Il leader sbucato dal nulla è un fanatico cristiano che si professa mandato da Dio a liberare e vendicare i suoi fratelli. Si scaglia contro gli arabi e contro gli indiani, senza tenere conto che molti indiani di Zanzibar sono cattolici e i neri quasi tutti musulmani. Nelle zone interne, i suoi seguaci fanno strage di donne, vecchi e bambini. In città si vive barrati in casa, terrorizzati dalle voci su quelle violenze indicibili.

Una mattina presto, Bomi Bulsara corre il rischio di uscire di casa, compra quattro biglietti aerei e prega il Dio-Creatore di farli partire sani e salvi. Intanto Jer prepara le valigie, la bocca contratta per non mostrare quanto le costi scartare ogni cosa non indispensabile. Le stoviglie, la biancheria, i mobili tirati a lucido rimarranno in attesa di cadere in chissà quali mani. Eppure i Bulsara sono grati di poter immigrare in Gran Bretagna come ex cittadini dell'Impero.

Atterrano a Londra alla fine del gennaio 1964. Gli ultimi risparmi se ne vanno nell'affitto di una casetta a schiera nei pressi dell'aeroporto di Heathrow e nelle scorte di carbone per riscaldarla. Fa freddo, piove di continuo. Il cielo incombe sulle case in mattoni anneriti dalla fuliggine, tutte uguali. Bomi Bulsara trova un lavoro come contabile, Farrokh si iscrive in un college molto vicino, visto che lo stipendio di papà non permette altro. Deve spogliarsi dei vestiti e dell'accento che puzzano ancora d'Africa e di India. Nei fine settimana sgobba in un magazzino dell'aeroporto. Poi prende la metro fino a King's Road, dove i ragazzi animano un mondo sempre in festa. Ha diciott'anni, dei jeans comprati con i suoi primi soldi, e vuole fare parte di quel mondo.

Anche Amani ha circa diciott'anni quando capisce di non sopportare più la sua città e la sua famiglia al punto che andarsene diventa un chiodo fisso. «Non uscire senza velo», «Non girare mai da sola se non per comprare quattro cose al negozietto sotto casa»...

Alcune amiche si truccano un po' di nascosto, ma ad Amani non viene voglia di imitarle. Si incanta però a guardare come quella riga di matita e quel filo di lucidalabbra rendano bellissimi i loro volti, mentre chiacchierano dei ragazzi su cui hanno messo gli occhi.

Tripoli non è un villaggio ai confini del deserto, ma una capitale dove i giovani hanno i loro luoghi di ritrovo, come in ogni altra città del mondo. Le vie del passeggio, i bar delle confidenze, gli angoli remoti dove può capitare che un ragazzo provi a rubarti un bacio. Amani Zreba non ha mai sognato che qualcuno cerchi di avvicinarsi alle sue labbra. L'idea, anzi, le suscita ribrezzo e quel ribrezzo genera confusione, angoscia, senso di colpa.

C'è una brutta parola nella sua lingua, così come nella nostra, per insultare i maschi che hanno modi troppo esuberanti o troppo effeminati. E poi c'è pure una legge, in Libia, che punisce con il carcere l'amore di un uomo per un altro uomo, perché è contrario al

Corano. Ma non esiste una parola per definire una ragazza che non ha mai provato un batticuore se non per un'altra ragazza. Quel che prova Amani è del tutto irrilevante. Basta che si sposi, meglio se con qualcuno che le piace, sennò pazienza.

Amani si sente colpevole e sbagliata, però quella rassegnazione non riesce ad averla. E poi all'improvviso capita che si innamora. In vacanza conosce una ragazza e quando l'altra torna nel suo paese, in Egitto, continua a sentirla. L'amore lievita con ogni email che le due si scambiano, Amani ci pensa giorno e notte. *Habibi*, le scrive la ragazza, *amore, perché non vieni al Cairo? Lo sai che qui possiamo essere felici insieme.*

Amani ha diciannove anni, è troppo giovane per rinunciare a quella felicità. Così un giorno riempie un borsone, lascia un biglietto sul tavolo, esce di casa. Sull'autobus vede il mare che risplende nella luce del primo mattino, nitida e rosata.

I primi tempi al Cairo sono meravigliosi. Amani fa un sacco di nuove amicizie, si sente a suo agio con se stessa in quella città sconfinata, dove due donne che convivono e lavorano non danno nell'occhio. Ma dopo qualche mese scopre che lei e la ragazza non sono fatte l'una per l'altra. Perdere il primo amore è sempre un dolore sconvolgente. Per Amani, lì per lì, è un disastro: non può restare al Cairo e neppure tornare in Libia. Ha disonorato la sua famiglia, ha infranto una legge dello Stato. A poco a poco, Amani ritrova le sue forze e scopre di avere un coraggio che ormai è la determinazione di un'adulta. Ma quando torna a Tripoli, perché può chiedere un visto solo in Libia, ha una paura folle. Per fortuna nessuno la segnala, nessuno la riconosce né allerta uno dei suoi fratelli perché venga a punirla. Così Amani arriva in Italia, un paese che ha ottimi rapporti con la Libia.

Come Freddie trentasei anni prima, anche Amani può raggiungere l'Europa con un aereo. Oggi non sarebbe più possibile. Oggi per fuggire dall'Africa ci vogliono ancora più soldi di quelli pagati all'epoca per un volo intercontinentale. Soldi ai trafficanti per non farti morire nel deserto, soldi per liberarti da un lager libico dove ti hanno torturato, soldi per il passaggio su un gommone che rischia di non vedere mai la nostra sponda del Mediterraneo.

Amani sa benissimo cosa capita alle ragazze come lei che oggi arrivano dall'Africa, perciò si è presa l'impegno di aiutarle: è già difficilissimo trovarsi in un mondo nuovo senza possibilità di tornare indietro, e se per giunta hai subito delle violenze, rischi davvero di andare fuori di testa o suicidarti.

Amani ordina una birra in un bar della stazione di Lambrate, a Milano. Milano è la città dove l'hanno mandata quando, diciassette anni prima, ha presentato la sua domanda d'asilo. Ha vissuto in un centro d'accoglienza finché un tribunale ha decretato che in Libia la sua libertà e la sua vita erano in pericolo.

Amani ha capelli castani mossi tagliati all'altezza delle spalle e occhi di un verde screziato che sprizzano carattere e intelligenza. Con i suoi vestiti molto sportivi e il modo deciso di parlare, sembra un po' un ragazzaccio o piuttosto una ragazza che ancora non sopporta nessun limite alla libertà di muoversi e di vivere come le pare. È arrivata in bici, nonostante il caldo afoso che, tra poco, si scaricherà in un temporale già annunciato dal cielo plumbeo. Quella bici legata a un palo è diventata anche il mezzo con cui lavora: un nuovo tipo di lavoro, dal buffo nome inglese - *Urban bike messenger* - per indicare una postina che consegna pacchetti e buste macinando le strade di Milano sui suoi pedali.

Amani non ha trovato ancora il modo di vivere che le corrisponde veramente. Non è facile quando hai ancora il passaporto di un paese in cui non potresti né vorresti più tornare e sei in attesa che quello nuovo ti dia la cittadinanza. All'inizio ha lavorato come cuoca, ma stare tutti i giorni ai fornelli non faceva per lei. Eppure in quel periodo ha scoperto di saper cucinare, anche se a Tripoli si era sempre rifiutata di imparare da sua madre. A Milano invece le sono tornati in mente i profumi rilasciati dalle cotture lente, gli intingoli piccanti, gli impasti da lavorare con pazienza. Si è persino un po' stupita che le bastasse cercare le ricette e poi aggiustare gli ingredienti secondo il suo gusto e il suo ricordo, perché quei piatti le venissero così bene. Allora ha cominciato a proporre delle cene libiche: per esempio preparando il buffet di feste private, un modo per condividere qualcosa del luogo da cui proviene e insegnarlo a chi la guarda cucinare.

– Cucinare – dice con convinzione – per me è un viaggio.

Il grande mare, che è contenta di aver potuto sorvolare con un aereo, lo riattraversa in un istante ogni volta che, alzando un coperchio, le arrivano i sapori della sua terra, decisi come Amani.

UN APPRODO SICURO

ILLUSTRAZIONE DI MARCO BRANCATO

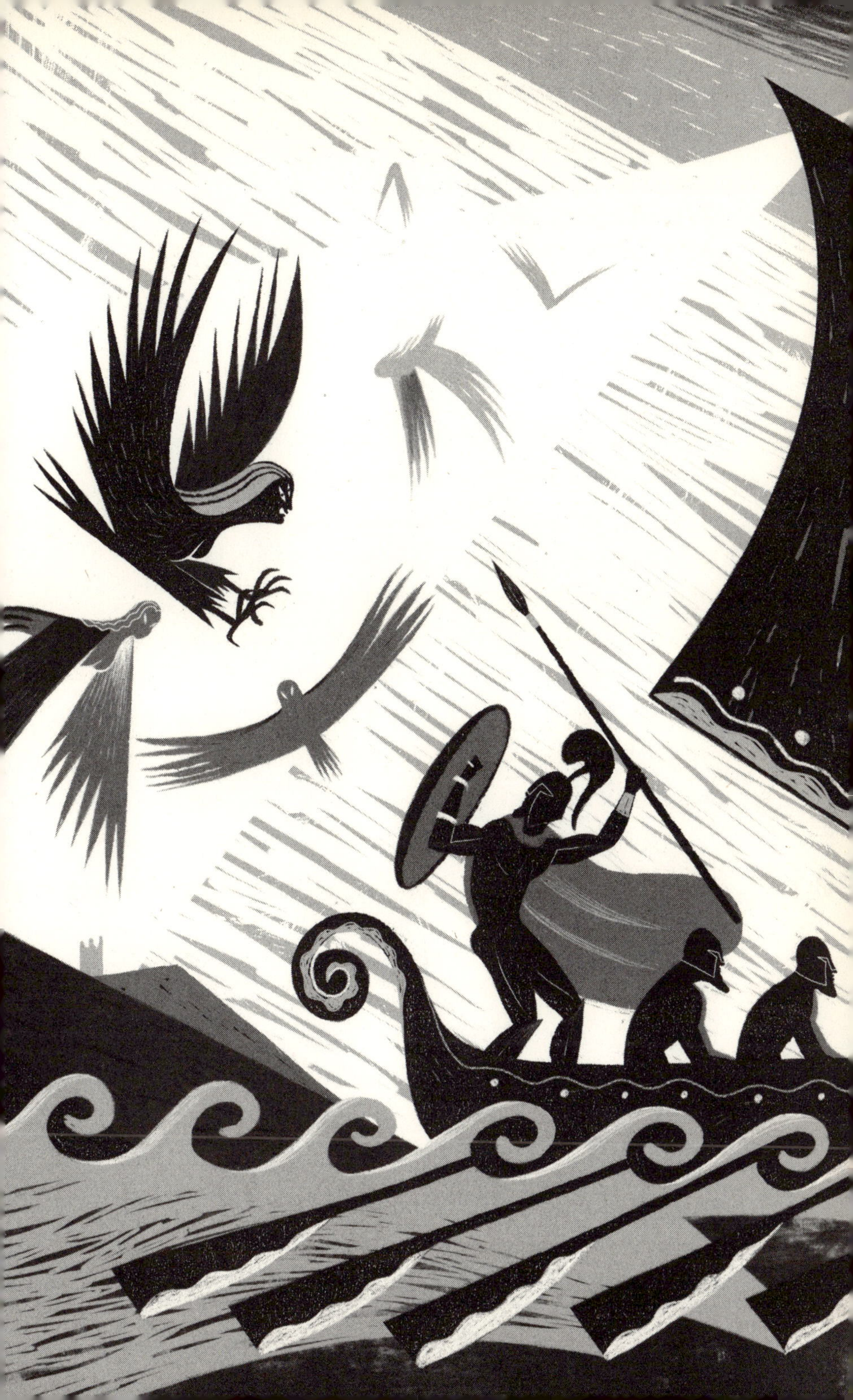

AUTORE: FRANCESCO D'ADAMO
PERSONAGGIO: ENEA
RIFUGIATO: I RAGAZZI DI DIAMO RIFUGIO AI TALENTI

– Padre, – chiese Ascanio – che terra è quella?

Enea scrutò la linea di costa in lontananza e vide una vegetazione fitta e lussureggiante, verdissima, vide boschi e pascoli e le acque chiare di un grande fiume che luccicavano al sole e si gettavano in mare.

Quella terra era l'Italia. La terra a cui il Destino l'aveva assegnato? Il luogo in cui finalmente avrebbe trovato pace e riposo, una nuova patria per sé, per suo figlio e per i suoi sventurati compagni di viaggio, i profughi scappati da Troia?

E quel mare azzurro su cui si dondolavano le ultime due navi della piccola flotta che aveva lasciato Troia tanti anni prima, era finalmente il Tirreno?

Enea esitò prima di rispondere alla domanda di suo figlio: non voleva illuderlo ancora una volta. Sette lunghi anni era durato il loro viaggio da quando era stato costretto a fuggire dalla città di Troia in fiamme, in balia dei Greci che l'avevano conquistata con l'Inganno del Cavallo. Attorno a lui morte e desolazione, le grida, il sangue, la paura come in ogni paese vittima di una guerra.

Si era caricato sulle spalle il padre Anchise, aveva preso per mano suo figlio Ascanio - ancora un bambino! - con la vecchia nutrice Caieta, aveva radunato un pugno di fedeli, era riuscito ad arrivare combattendo fino alla spiaggia in mezzo al fumo degli incendi, a sciogliere dagli ormeggi le navi che i Greci ancora non avevano bruciato e a prendere il largo.

«Alla svelta! Alla svelta!»

Non c'era stato neanche il tempo di portare con sé qualcosa di caro, un oggetto, un ricordo. Avevano dovuto lasciare tutto. Solo Enea era riuscito a salvare almeno le statuine dei Penati - gli Antenati - per ricordare sempre, negli anni futuri, ovunque il Destino li avesse portati, da dove venivano, dov'erano le loro radici. In quel momento erano la cosa più preziosa che avevano.

Dai ponti delle navi i profughi avevano visto la loro terra allontanarsi a poco a poco, fino a confondersi con la linea dell'orizzonte e scomparire. Avevano il cuore pesante.

Davanti a loro il mare immenso e sconosciuto, che sembrava freddo e ostile.

Dove sarebbero andati? Che cosa ne sarebbe stato di loro? Chi li avrebbe accolti?

L'ultima cosa che avevano visto di quella che era stata la loro patria, dov'erano vissuti, dove avevano lavorato, amato, gioito, dove avevano costruito case e lavorato i campi, era stata un'alta colonna di fumo nero e pesante. Poi era scomparsa anche quella e non era rimasto più niente.

Solo l'ignoto.

PARLA KHALED

…Anche per me l'ultimo ricordo che ho della mia città sono le colonne di fumo che salgono verso il cielo dai quartieri appena bombardati.

Vivevamo in pace, poi un giorno è arrivata la guerra e niente è stato più come prima.

Io non capivo bene perché c'era la guerra e non era neanche chiaro chi fosse il nemico.

Vi sembra strano?

Ma c'erano eserciti, milizie, bande armate - si faceva perfino fatica a distinguerli - che si affrontavano ogni giorno, quartiere per quartiere, strada per strada. C'erano aerei che arrivavano e bombardavano, e chissà da dove venivano e perché ce l'avevano con noi. C'erano le notizie che arrivavano dalla televisione e su Internet e sembrava che tutto il mondo si stesse interessando a noi e invece nessuno faceva niente per aiutarci. Poi non sono più arrivate neanche le notizie.

Una mattina hanno rastrellato il quartiere dove abitavo con i miei genitori. Abbattevano le porte, entravano nelle case, minacciavano gli abitanti con i fucili

mitragliatori. *Prendevano i giovani, anche i ragazzi, e li costringevano ad arruolarsi e a combattere con loro.*
Non so chi fossero.
Io non volevo combattere, non volevo morire.
Ho abbracciato mamma e papà, sono scappato per i tetti.
No, non ho fatto in tempo a portare con me niente.
Solo quell'odore di fumo che mi riempiva i polmoni.

La nave di Enea dondolava sulle onde di quel mare blu che forse era il Tirreno. Lo scafo portava i segni di cento tempeste, le vele erano stracciate.

Sette anni avevano vagato in giro per il Mediterraneo. Erano stanchi.

Enea guardò suo figlio Ascanio. Per Zeus! Com'era diventato grande!

Erano partiti da Troia che era un bambino e adesso era quasi un uomo.

«Un ragazzo» pensò «ha bisogno di una terra in cui vivere, di una casa, ha bisogno di mettere radici, come un albero, ha bisogno di un ramo su cui appoggiarsi a cantare, come fanno gli uccelli.»

In quegli ultimi lunghi sette anni cosa aveva avuto Ascanio?

Solo dolori, pericoli, incertezza.

Le navi dei Troiani avevano vagato per l'Egeo, in

balia dei capricci dei venti e delle correnti. Avevano fatto rotta per Creta, la grande isola, pensando di trovare patria e conforto. Ma a Creta infuriava la pestilenza che aveva decimato gli equipaggi delle navi e si erano affrettati a riprendere il mare.

Erano approdati alle isole Strofadi, avevano imbandito le tavole e speravano di trascorrere qualche giorno sereno, ma erano stati assaliti dalle mostruose Arpie che avevano corpo di uccello e volto di donna. Una di esse, Celeno si chiamava, aveva deriso i Troiani in fuga e profetizzato per loro un futuro di fame e dolori.

Dura la vita del profugo.

Di nuovo per mare, sull'Egeo spazzato dal vento insidioso chiamato *meltemi*.

Si avvicinava l'inverno.

Poi erano arrivati in Epiro.

E poi ancora...

PARLANO ISSA E TOURÉ

...L'Egeo che noi abbiamo attraversato era fatto di sabbia, uno sterminato mare di sabbia che si chiama deserto del Sahara. Eravamo un gruppo di quasi trenta giovani, venivamo tutti dai paesi dell'Africa centrale e come tutti i giovani del mondo sognavamo una vita migliore, solo che là da noi anche i sogni sono un lusso.

Così eravamo partiti.

Le nostre Arpie avevano corpo di uomo e faccia di sciacallo, erano i trafficanti che avevano promesso di farci arrivare fino al mare, quello vero, al di là del deserto, chissà dove, e là altre Arpie - dicevano - ci avrebbero fatto imbarcare e ci avrebbero portato in uno di quei paesi dove i sogni non sono un lusso.

Erano assetati di sangue e di denaro.

Ci trasportavano con le jeep lungo le piste dei cammellieri, poi ci abbandonavano sotto il sole, ci facevano aspettare per ore, niente acqua, niente cibo.

Soldi! Soldi! Dovete pagare se volete proseguire, altrimenti vi abbandoniamo qua.

Non avevamo più soldi, non avevamo niente.

Chi non ce l'ha fatta è rimasto là.

PARLA ANDREY

...Il mio Egeo era fatto di asfalto, un mare di asfalto, una lunga, interminabile striscia di asfalto che non potevo neanche vedere. La immaginavo però, perché sentivo il rumore dei copertoni del camion su cui viaggiavo che facevano... frrrruuuuschhhhhhhhh...

...frrrrruuuuschhhhhhhh...

E ogni tanto un colpo di clacson.

Immaginavo anche l'autostrada, le luci, le stazioni di servizio, gli autogrill, i campi neri al di là del guard rail. Immaginavo anche le città che sfioravamo nella nostra corsa e pensavo che magari una di queste

UN APPRODO SICURO

sarebbe stata la mia nuova patria anche se non ne conoscevo il nome.

Ma non potevo vedere niente di tutto questo perché ero chiuso in un doppio fondo del camion, assieme ad altri cinque. Non c'era luce, non c'era aria, non c'era spazio per allungare le gambe.

Speravo solo che il viaggio si concludesse e di arrivare in fretta da qualche parte perché non ero sicuro di riuscire a resistere ancora per molto.

Eppure dovevo farcela. Per me non era più possibile tornare nel mio paese dopo che era stato invaso.

Quante insidie, quanti pericoli sono in agguato lungo il viaggio di un profugo, sballottato da un paese all'altro senza sapere dove potrà fermarsi.

I Troiani avevano fatto rotta verso la Sicilia, terra di mostri, di lava e di fuoco.

Avevano evitato lo stretto di Messina, le correnti e i gorghi mortali di Scilla (Colei che dilania) e di Cariddi (Colei che risucchia), che erano il terrore di tutti i naviganti.

Ma non avevano potuto evitare l'incontro con il Ciclope Polifemo - sì, quello di Ulisse.

Nascosto negli anfratti del monte dove viveva il Ciclope, Enea aveva trovato un uomo, Achemenide, che era stato un compagno di Ulisse e che i Greci, fuggendo, avevano dimenticato. Da allora Achemenide viveva come un animale selvatico sempre con il timore di essere trovato da Polifemo o dagli altri Ciclopi.

Achemenide era un greco, aveva partecipato all'assedio e alla conquista di Troia.

Era un nemico.

Ma Enea lo accolse ugualmente tra la sua gente: anche Achemenide - come i Troiani - non aveva più niente.

Poi morì il vecchio Anchise, Enea lo pianse senza neppure potergli dare degna sepoltura. Morì la vecchia nutrice Caieta e fu sepolta in un luogo che da allora si chiama Gaeta.

E poi un gruppo di donne, stanche ed esasperate, diede fuoco alle navi pur di non proseguire più il viaggio.

– Noi ci fermiamo qui – dissero ad Enea. – Non importa cosa sarà di noi.

Enea proseguì il suo viaggio, con le navi rimaste e solo un pugno di uomini.

Dov'era quella regione dell'Italia che il Destino gli aveva assegnato, dove finalmente avrebbe trovato non solo una nuova patria per sé e per il suo popolo, ma addirittura avrebbe fondato un regno che un giorno avrebbe dominato tutto il mondo?

Così gli avevano predetto sacerdoti e indovini.

Così gli aveva detto anche la famosa Sibilla di Cuma.

Ma forse non c'era niente di vero.

Quanti anni erano passati ormai?
Forse sarebbero rimasti esuli per sempre.

PARLANO ABDUL, ALÌ, FATIMA, MARYAM
...*per noi Scilla e Cariddi, Coloro che dilaniano e Coloro che risucchiano, sono stati tutti quelli che ci hanno offeso e insultato perché siamo stranieri, che ci hanno detto:*
«*Non vi vogliamo!*»,
«*Andate via!*»,
«*Tornate al vostro paese!*».
Tutti quelli che non ci hanno voluto accogliere.
Che non hanno provato né pena né pietà per noi e per il nostro dolore.
Tutti quelli che non ci hanno nemmeno voluto dare l'occasione per iniziare una nuova vita, per trovare una nuova terra in cui vivere in pace.
Ma per fortuna qui in Italia abbiamo conosciuto anche tante brave persone che ci hanno accolto, che ci hanno aiutato, che ci hanno dato un'altra opportunità.

– Allora, padre, chiese di nuovo Ascanio, questa è la terra dove finalmente ci fermeremo a vivere?
Enea guardò quel mare blu, quella costa verde, quel fiume chiaro. Era un paesaggio meraviglioso. Sentì dentro di sé che sì, erano finalmente arrivati, dopo sette anni di dolori e fatiche. Le loro pene erano terminate.

Quello era il Lazio.

Diede ordine di cercare un approdo.

Dall'alto di una collina Re Latino che regnava su quelle terre guardava le due navi troiane che si avvicinavano.

«Cosa devo fare?» pensava il Re.

Secondo alcuni suoi consiglieri non avrebbe dovuto accogliere i profughi troiani, avrebbe dovuto respingerli, se necessario con le armi.

– Sono stranieri – gli sussurravano all'orecchio.

– Non ti fidare, o Re! Non sono come noi questi Troiani! Potrebbero essere nemici, potrebbero essere ostili, potrebbero insidiare il tuo trono e le tue terre!

Ma Re Latino conosceva le vicende di Enea, le imprese, le fatiche: i dolori del principe troiano erano giunte fino a là e provava una grande pena.

«Sette anni!» pensò.

E poi quelle navi spelacchiate, quegli uomini segnati dal tempo e dalle fatiche non gli sembravano un grave pericolo.

Latino respinse quei consiglieri con un gesto della mano, scelse alcuni dei suoi più fidati dignitari, impugnò il bastone di nocciolo sul quale ormai doveva appoggiarsi (aveva una certa età, ahimè!) e scese piano piano verso l'approdo ad accogliere i profughi di Troia.

I due gruppi si incontrarono sulla spiaggia, si

guardarono da lontano. Il vento smuoveva la sabbia. C'erano ancora un po' di diffidenza e di paura, da una parte e dall'altra.

Re Latino era un vecchio con la barba bianca e il volto scavato da rughe sottili, indossava una semplice tunica bordata di porpora. Decise di andare da solo incontro al capo degli stranieri.

Enea lo guardò venire avanti col passo un po' incerto degli anziani, poi si tolse l'elmo, si slacciò l'armatura e li lasciò cadere sulla sabbia chiara.

Afferrò il braccio di suo figlio Ascanio e andò incontro al vecchio Re.

Khaled, Issa, Touré, Andrey, Abdul, Alì, Fatima, Maryam che ci hanno brevemente raccontato una parte della loro storia di profughi dei nostri giorni sono alcuni dei venti ragazzi che partecipano al Progetto Diamo rifugio ai talenti dell'Università di Pavia.

Vengono da tutto il mondo, sono scappati da guerre, bombardamenti, invasioni, dittature. Hanno dovuto lasciarsi alle spalle ogni cosa.

Hanno attraversato infiniti mari Egei, hanno viaggiato per mesi, qualcuno per anni.

Hanno incontrato tempeste, naufragi, mostri.

Il loro Lazio è Pavia, una cittadina del nord Italia, molto bella, famosa per la sua Università tra le più antiche del mondo.

Quando sono partiti dalla loro terra nessuno di loro sapeva dove fosse Pavia.

Qui qualcuno è andato loro incontro, li ha accolti, ha dato loro l'opportunità di rifarsi concretamente una vita.

Adesso studiano, duramente. Stanno per laurearsi e diventare ingegneri, architetti, medici.

Forse non fonderanno un grande impero come Enea, probabilmente nessuno canterà le loro gesta come ha fatto Virgilio con l'Eneide.

Ma cosa importa?

Adesso questa terra è la loro terra.

Sapete qual è la morale di questa favola?

È molto semplice: a volte basta un gesto.

Tutto qui?

Sì.

Se non ci credete, provate.

Questo racconto è dedicato alla memoria di Ettina Confalonieri che al Progetto *Diamo rifugio ai talenti* ha dedicato tutta sé stessa, come insegnante e come donna.

DENTRO LA SCATOLA MAGICA

ILLUSTRAZIONE DI FABIO SANTOMAURO

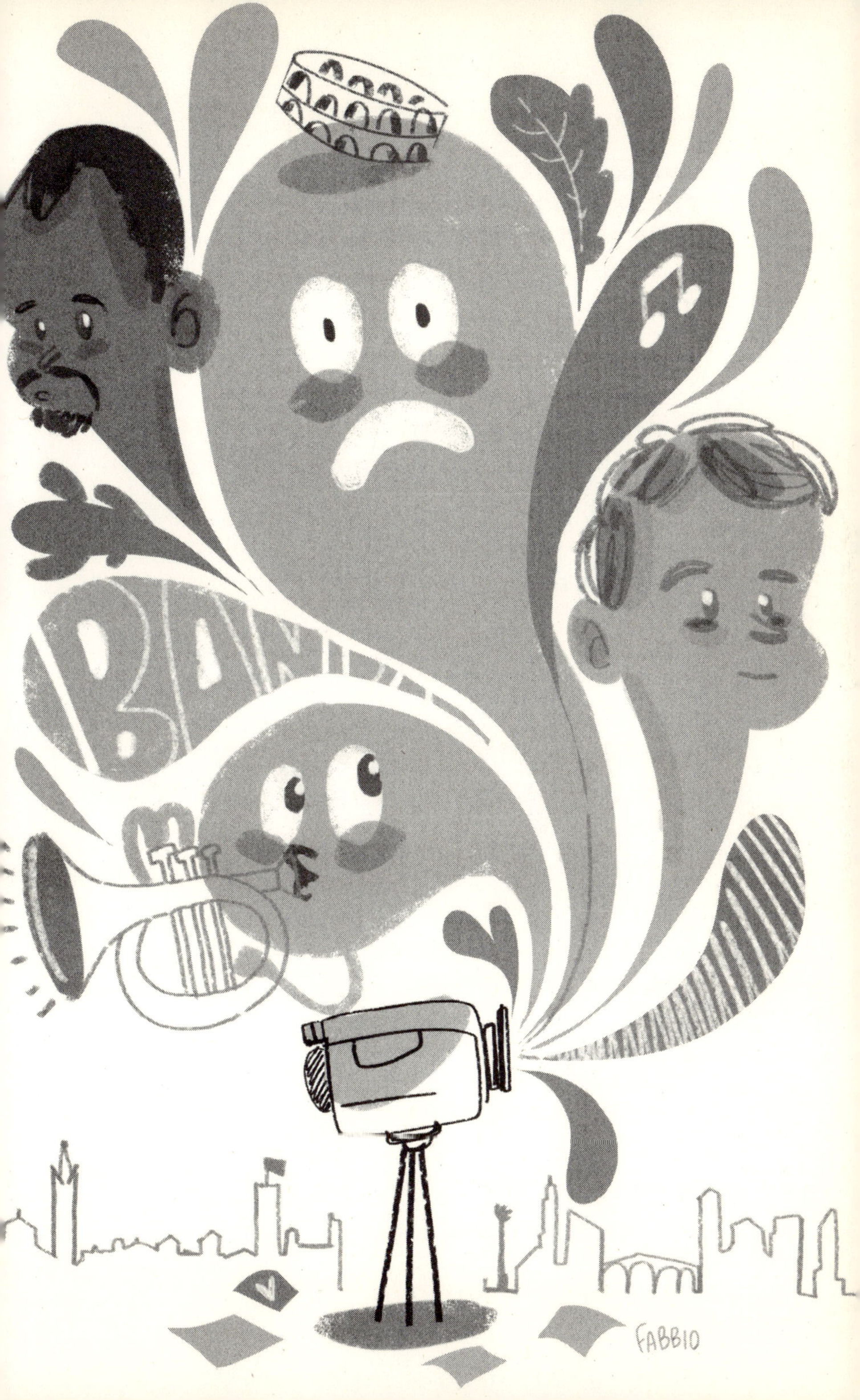
FABBIO

AUTORE: IGIABA SCEGO
PERSONAGGIO: CHICO BUARQUE
RIFUGIATO: DAGMAWI YIMER

Dagmawi Yimer non esce mai di casa senza la sua scatola magica. Dentro la scatola mette tutti i colori che incontra per strada.

Il bianco dei monti, l'azzurro del cielo, il verde degli alberi, il marrone della sua pelle.

A Dagmawi piacciono i colori. Gli piace il giallo.

Perché il sole è giallo.

Gli piace il rosso.

Perché il cuore è rosso.

Gli piace il viola.

Perché le melanzane sono viola.

Dentro la scatola magica, oltre i colori del mondo, mette le facce della gente che incontra per strada.

Dag mette i nasi, le orecchie, le bocche, i capelli delle persone che incontra per strada. Facce buffe e malinconiche, tonde e squadrate, e tutte con una storia da raccontare.

A Dag piace da matti raccontare le storie.

Dice sempre a chi gli sta intorno che senza storie non si respira.

Le storie sono come rose, dice.

Hanno bisogno di acqua per fiorire.

E c'è sempre qualcuno che gli chiede: – Ma Dag come si fa ad annaffiare una storia?

Lui, sorridendo, risponde che le storie si annaffiano raccontandole o ascoltandole. – Non c'è bisogno di altro.

È mattina e a Verona, dove Dag vive con la sua famiglia, piove.

Una pioggia leggera che illumina le foglie.

Dag ama la pioggia. Gli ricorda gli altipiani della sua Etiopia. Quegli altipiani verdi smeraldo che ha lasciato tanti anni prima.

Dagmawi Yimer è un rifugiato. Uno che ha dovuto lasciare la sua terra per motivi politici, per non essere messo in prigione o, peggio, ucciso.

Non è stato facile per lui venire in Italia. Ha attraversato un deserto, ha avuto sete, fame, ha tremato come una foglia, ha attraversato la sua paura e poi ha attraversato pure un mare intero su una barca che poteva affondare da un momento all'altro. Ma Dag non è affondato e nemmeno quelli della sua barca sono affondati. Dag sa che è stato fortunato. Perché sono tanti quelli che in quel mare ci sono rimasti intrappolati dentro.

Per questo con la sua scatola magica racconta tutta la verità che ha visto. Tutta la verità che in molti non vogliono sapere.

Dag si ricorda sempre delle parole di una signora che stava nella sua stessa barca: «Il mare ha i denti di uno squalo, sono denti grossi, che fanno male. Ma noi siamo stati baciati dalla fortuna, Dag, il mare non ci ha morso, le onde non ci hanno nemmeno schiaffeggiato. Per questo oggi dobbiamo raccontare, è la nostra missione».

Per questo Dag racconta le sue storie con la sua scatola magica. Perché non deve succedere più. Nessuno deve più essere morso da una barca.

Ora Dag guarda i monti di Verona in lontananza. Sono rosa. E in un baleno mette quel colore leggiadro nella sua scatola magica che tutto raccoglie e tutto sa.

Il rosa è un altro colore che gli piace molto.

La città di Verona però non è rosa.

Ci sono giorni in cui la città di Verona non ha colore.

E quelli sono giorni in cui la città si chiude come un riccio in se stessa e non parla con le sue montagne, né con il suo fiume.

Ci sono giorni invece in cui la città di Verona è arancione.

Da un po' di tempo, infatti, sono apparsi in città degli uomini arancioni che cancellano il sorriso sul volto delle persone. Prendono della vernice e con una passata di pennello cancellano tutto.

Dove sono passati loro, la gente quasi non ha più la bocca ed è costretta a usare le cannucce per mangiare.

Perché la bocca è diventata così piccola che quasi non si vede più.

Ogni volta che Dag esce di casa, la moglie, che ha lunghi capelli come seta, lo abbraccia forte e gli dice: – Mi raccomando, marito mio, se vedi gli uomini arancioni, scappa. Scappa lontanissimo. Non ti mettere a litigare con loro. Non voglio che cancellino il tuo bel sorriso.

Ma Dag non è preoccupato.
Anzi, non vuole dirlo alla moglie, ma lui spera proprio di incontrare gli uomini arancioni. Vuole metterli nella scatola magica, insieme a tutti i nasi, le orecchie, gli occhi che ha incrociato in città.
Nella scatola magica c'è di tutto. C'è il bene e c'è il male. E ci sono tutte le cose che a volte nella vita proprio non si capiscono. Tutti gli scarabocchi e le linee storte. I quadrati gonfi e i triangoli schiacciati.
Ora Dag è davanti al monumento più famoso della città e non piove più.
Ma il sole ancora non spunta da dietro le montagne.
Ci sono nuvole che ballonzolano come elefanti. E poi c'è la bambina, si chiama Efawan, ha una gonna a balconcino tutta rossa e un sorriso che scoppia sul viso come un fuoco d'artificio.
La bambina guarda il monumento più famoso della città di Verona e chiede alla sua mamma: – Quella

cosa lì che assomiglia a una groviera è il famoso Colosseo?

In effetti ci assomiglia.

Dag, che è lì a due passi, vorrebbe risponderle, "No, bambina bella, quella è l'arena", ma prima di lui arriva un uomo.

– Negretta ignorante – dice l'uomo, che è alto quanto le montagne di Verona e con i capelli di uno strano colore arancione.

– Ma a voi selvaggi non vi insegnano niente nelle vostre capanne laggiù in Africa?

La bambina è confusa.

Capanne? Ma lei non vive in una capanna. Lei è di Milano e anche sua nonna che vive in Nigeria non vive in una capanna, il palazzo della nonna è alto alto, quasi fa il solletico alle nuvole. E poi che c'è di male in una capanna?

Nel dubbio, Efawan, che ha otto anni, continua a mangiare il suo panino.

È allora che l'uomo guarda la bambina con rabbia e le dice: – Negretta, stai sporcando Verona! Come ti permetti, tu, con quella pelle così brutta e quei capelli che sembrano serpenti, di sporcare la nostra bella e bianca Verona?

Dag ha sentito tutto e vorrebbe aiutare la bambina che nel frattempo si è messa a piangere. Piange così tanto che le scivola dalle mani il panino.

E l'uomo dai capelli arancioni le punta il dito contro: – Sei proprio una bambina sporca, butti le cose per terra! A voi africani non vi insegnano nulla, siete tremendi.

Efawan, che solo un attimo prima era tutta contenta di vedere i buchi a groviera dell'arena di Verona, ora vorrebbe essere lontana da lì, da quella città e soprattutto da quell'uomo dai capelli arancioni. La mamma l'aveva avvertita che prima o poi qualcuno poteva essere cattivo con lei e il suo colore. – La nostra pelle nera è bella, Efawan, ma dicono negro solo per farci sentire brutti. Ma noi non siamo brutti, nero è bello. Ricordatelo sempre. Qualunque cosa accada.

Efawan vorrebbe essere coraggiosa e non piangere. Ma l'uomo arancione non la smette. Usa parole di secondo in secondo più cattive, contro di lei. Per fortuna ci sono papà Omar e mamma Iftin, che l'abbracciano forte. Ma l'uomo arancione insulta pure loro. E altri uomini con i capelli arancioni si uniscono a lui. La famiglia in vacanza è circondata. Tutti e tre cominciano ad avere paura, tanta paura.

Il padre si agita, la madre strilla e Efawan continua a piangere.

Dag, che ha ripreso tutto con la scatola magica, la poggia a terra e si avvicina, deciso a tirar fuori dai guai quella bella famiglia.

Ma non fa in tempo a fare il primo passo, che viene

anticipato da un signore con gli occhi più verdi del verde stesso. Si blocca. Quell'uomo Dag lo ha visto mille volte sui giornali e in fondo si trova all'arena perché sperava proprio di incontrarlo quel giorno e, chissà, magari intervistarlo.

L'uomo dagli occhi verdi si chiama Francesco, o almeno così lo chiamavano tanti anni prima in Italia.

Nel suo paese, il Brasile, è solo Chico, semplicemente Chico Buarque.

Sta suonando il flauto, Chico.

La musica è dolce, leggera, soave.

La musica è come il marzapane e la panna.

Ha il sapore di una fragola.

Se la tocchi sembra una nuvola fatta tutta di zucchero.

È una musica bellissima. Più bella di tutto l'universo.

Dag non se la vuole perdere e mette quella musica dentro la sua scatola magica.

Poi mette altre cose dentro la sua scatola.

Mette la camicia bianca di Chico, le fossette di Chico, i capelli sbarazzini di Chico, le rughe di Chico e naturalmente mette dentro anche gli occhi verdi, più verdi del verde di Chico.

Dag sa che Chico è stato un rifugiato come lui.

Anche lui ha dovuto, molti anni prima, lasciare la sua terra, il Brasile, perché alcuni uomini volevano fargli del male. Lui scriveva canzoni piene di sole e queste persone detestavano il sole. Odiavano anche la Luna, le stelle, il cielo blu della notte, gli uccelli con le piume arcobaleno e ogni cosa che era luce. A questa gente dava fastidio che Chico portasse il sole e per questo lo cacciarono via. Venne a Roma, un buon posto dove aspettare che nel suo paese le cose cambiassero. A Roma c'erano gli spaghetti con il sugo di pomodoro e basilico, c'erano le partite allo stadio Olimpico, c'erano i gelati con il pistacchio più buono del mondo, c'erano i poeti con le poesie ricamate e poi c'era una luce così gialla e così intensa che riscaldava il cuore. Ma anche se Roma era favolosa, a Chico mancava il Brasile con le sue papaie, i suoi pappagalli, la sua gente, il suo carnevale. Aveva nostalgia, anzi aveva qualcosa che in Brasile chiamano *saudade*.

Ma questo era successo tanti, tantissimi, anni prima.

Chico in Brasile era poi riuscito a tornare.

E anche Dag spera un giorno di tornare nella sua Etiopia, e rivedere la sua vecchia scuola, la sua vecchia casa, gli amici che ha lasciato.

Dag sogna di mettere la sua Etiopia con i suoi colori brillanti dentro la sua scatola magica.

Ora Chico ha smesso di suonare il flauto e con la sua voce di corallo canta così:

Una tristezza così non la sentivo da mai
ma poi la banda arrivò e allora tutto passò.

La canzone è appena cominciata quando dal nulla appare, dietro le spalle di Chico, una tromba. La suona una ragazza con la coda di cavallo. E dietro la tromba un clarinetto, che un uomo con i baffi dalla camicia tutta strapazzata fa vibrare con trasporto. E via via la piazza dell'arena si riempe di strumenti musicali. C'è la chitarra, il violino, la fisarmonica, il berimbau e un signore con la lunga barba nera si porta dietro un triangolo come se fosse una tazzina da caffè, tanto è leggero.

L'orchestra improvvisata comincia a camminare e diventa come la banda della canzone. Si muove verso il fiume, verso le montagne. Chico sorride e si mette Efawan, la bambina con la gonna rossa, sulle spalle. Anche la bambina canta con Chico, anche se non conosce le parole della canzone. Dietro anche i genitori della piccola seguono la melodia, che ogni tanto condiscono con i loro *oooh* e i loro *yeeeh*, battendo forte le mani.

Dagmawi è sempre lì con la sua scatola magica a raccogliere ogni emozione, ogni lacrima, ogni sorriso, ogni nota. E corre, perché il gruppo con la sua orchestra ambulante va molto, ma molto veloce per le vie intricate della città, che comincia a tingersi tutta d'azzurro.

E tutto in città comincia a cambiare davvero.

Chi si era nascosto per paura degli uomini arancioni, al passaggio della banda esce dal proprio nascondiglio. Che bello uscire fuori, all'aperto, al sole, alla luce, alla vita! Ed è allora che la gente comincia a ballare, con le gonne che svolazzano al vento lieve che proviene dalle montagne lì vicino.

E chi non sa ballare, canta.

E chi non sa cantare o ballare, salta.

Ecco sì, Verona salta. Tutta insieme.
　Salta il fiume, salta l'arena, salta via XX settembre, salta di felicità anche il kebabbaro che offre kebab a tutti. E per chi è vegetariano un kebab di pomodori e zucchine che è la fine del mondo!
　E dopo aver saltato, ballato, cantato, si mangia, evviva!
　La gente si porta le sedie da casa.
　Si gioca a carte, si fa la maglia, si chiacchiera.
　Finalmente Verona si guarda negli occhi.
　Qualcuno si innamora.
　In piazza i bambini cominciano a inventarsi giochi tutti diversi.

Dalle finestre quanta gente spuntò
quando la banda passò cantando cose d'amor.

Chico continua a cantare. È lui, solo lui, a far felice la città.

– Stasera il concerto lo faccio per strada – dice ai veronesi.

Dag non si è perso nemmeno una scena. Tutto, ma proprio tutto, compreso il kebab è finito nella sua scatola magica. La scatola magica di Dagmawi Yimer, il regista. Accarezza la sua scatola, Dag. Che bel film ha fatto oggi! E sussurra: – Sei stata brava, scatolina mia, proprio brava –. Poi la spegne e va a prendere anche lui un buon kebab. Gli è venuta tanta fame a furia di correre da una parte all'altra di Verona.

ANCHE SUPERMAN ERA UN RIFUGIATO

AUTORE E ILLUSTRATORE: GIUSEPPE PALUMBO
PERSONAGGIO: SUPERMAN
RIFUGIATO: TAREKE BRHANE

COMITATO
3OTTOBRE
ACCOGLIENZA

VENIVO DA UN MONDO LONTANISSIMO DAL VOSTRO...
COMITATO 3OTTOBRE
MA SAPEVO BENE CHE QUI NEL VOSTRO MONDO, C'ERA LA SALVEZZA PER ME E PER I MIEI...
SÌ, LA SALVEZZA... PERCHÈ IL MIO MONDO STAVA PER ESPLODERE!
PUM
BOOM

Il viaggio fu un salto enorme e buio...

Costellato di deserti...

Punteggiati di stelle...

Infuocati e sanguinosi...

Ma io avevo fede...	Fede nell'approdo.
E la mia navicella riuscì a sorreggere i miei sforzi.	Non fu facile per un alieno come me...

HO DOVUTO ADATTARMI...

BIRD
PLANE
NO IT'S...
EPPURE L'ATMOSFERA DEL VOSTRO MONDO MI HA RIVELATO POTERI SCONOSCIUTI.

NON HO PIÙ SMESSO DI USARLI...

PER RENDERCI TUTTI PIÙ UMANI.

UN SEMPLICE INVITO ALL'UMANITÀ

di Alidad Shiri

Mi chiamo Alidad Shiri, sono nato a Ghazni in Afghanistan, e sono arrivato in Alto Adige nell'estate del 2005. Ho ventisette anni e mi sto laureando in Filosofia all'Università degli Studi di Trento. Nel 2008 ho raccontato la mia storia in un libro, *Via dalla pazza guerra*, scritto con la mia insegnante Gina Abbate. È stato tradotto in tedesco, ha avuto un gran successo e soprattutto mi ha permesso di fare moltissimi incontri in giro per l'Italia.

Accolgo volentieri gli inviti da parte delle scuole, perché sono convinto che parlare con i giovani li aiuti a superare pregiudizi e a conoscere i motivi reali per cui le persone come me sono costrette a lasciare la propria terra, con la speranza di un futuro diverso, migliore.

Nella mia vita ho visto tante ingiustizie e ho perso tante persone care. La perdita più grande è stata quella dei miei genitori a causa della guerra. Ho ancora nel cuore il dolore di aver perso compagni di scuola sotto le bombe e porto sempre con me il ricordo delle donne che, durante il difficile viaggio verso l'Europa, si sono fermate in Turchia perché non ce la facevano più a proseguire a piedi.

L'ultimo tratto del mio viaggio verso l'Italia, dalla Grecia a Bressanone, è avvenuto sotto un tir, rischiando ogni secondo di morire schiacciato, come tanti altri ragazzi, proprio quando ero quasi arrivato alla meta. Mi reputo fortunato, e per questo sento di essere la voce di tanti che non hanno più voce o che non riescono a essere ascoltati. Per questo ho coltivato il desiderio di studiare, per contribuire al riconoscimento dei diritti fondamentali dei più indifesi: i bambini e le donne.

Collaboro con due quotidiani locali, *Alto Adige* e *Trentino*, che pubblicano i miei articoli con riflessioni sull'attualità, in particolare sui problemi che riguardano i nuovi cittadini, i diritti delle donne, i diritti umani, il rapporto tra religioni in Europa, i pregiudizi verso gli stranieri, le aspirazioni dei giovani. È per me un cammino di grande speranza e per questo ringrazio di cuore tutte le persone che mi hanno accolto, ascoltato, sostenuto, dato fiducia in questo mio lungo percorso di formazione e inclusione. A mia volta cerco di mostrare a tutti quelli che incontro un atteggiamento costruttivo e di condivisione.

Sono cresciuto in una famiglia numerosa, dove ho ricevuto tanto affetto da parte dei miei cari, e avevo tanti amici con cui giocavo. È stato un periodo piuttosto sereno, di cui ricordo in particolare le feste, la gioia degli incontri nella grande famiglia. Quando mio papà tornava dal lavoro, gli saltavo addosso e lui mi stringeva tra le braccia e mi trasmetteva una sensazione di grande tranquillità e protezione. Ero affezionato soprattutto alla nonna, che mi raccontava tante storie, anche della mia famiglia.

La mia infanzia però non è stata solo spensierata. La guerra in Afghanistan prosegue da più di trent'anni; da bambino me ne accorgevo quando vedevo le scie dei proiettili che passavano sopra le case e sentivo i discorsi spaventati degli adulti in ansia per mio papà quando era fuori casa. A volte, ancora oggi, nei miei sogni rivivo il terrore che provavo quando, tornando da scuola, vedevo piovere le bombe sulla città e mi arrivavano le notizie di compagni morti, e mi assaliva l'angoscia di non trovare a casa i miei cari. Ho perso improvvisamente i miei affetti più grandi, perché la guerra mi ha portato via prima il papà e sei mesi dopo la mamma, la sorella più piccola e la nonna. È finita così la mia infanzia, e se la zia non mi avesse accolto nella sua famiglia, sarei diventato un bambino di strada come i tanti che ho conosciuto.

Ho sperimentato anche la tristezza che regnava sotto il regime dei talebani, perché ogni esperienza che portasse un po' di gioia, come la musica e la danza, era vietata. Nemmeno i bambini potevano ridere e giocare in pubblico. Era un paese ridotto alla disperazione, con povertà e miseria ovunque. Ricordo l'impressione che mi facevano i bambini di strada, orfani, e gli adulti mutilati. Camminando, ci si imbatteva spesso in corpi abbandonati e in ogni momento si celebravano funerali.

La mia storia assomiglia a quella di tanti ragazzi costretti a fuggire dall'Afghanistan, prima e dopo di me. Le cose purtroppo non sono cambiate. Il paese che ho lasciato vive una situazione sempre molto grave, con continui attacchi terroristici: la gente non può uscire, ma perfino in casa non si è al sicuro, perché può capitare che un camion carico di esplosivi arrivi improvvisamente a portare distruzione.

Molti giovani hanno perso la speranza e scappano attraverso i paesi più vicini. Sempre più famiglie con bambini piccoli si uniscono alla fiumana di profughi che si accampa solitamente nei paesi confinanti, nella speranza di arrivare in luoghi sicuri.

Quasi quotidianamente ci arrivano notizie di attentati nelle moschee, nei mercati e nelle piazze, i luoghi in cui il mio popolo, gli hazara, si riunisce. Gli hazara sono una minoranza perseguitata da sempre, da parte di talebani, Isis e altri gruppi fondamentalisti, che spesso attaccano anche gruppi di persone che si trovano in viaggio, prendendoli in ostaggio. Nessuno è al sicuro.

Per sfuggire a questa gabbia, a un destino di miseria, al rischio di finire nella tratta di esseri umani, molti giovani e sempre più famiglie partono a piccoli gruppi. La meta principale è l'Europa, seguita dall'Australia. I migranti seguono rotte diverse, ma tutti sono accomunati dal fatto di essere sprovvisti di documenti, di dover affrontare un viaggio pericolosissimo, dalla durata incerta – non di rado anche di alcuni anni –, di doversi servire dei mezzi di trasporto più diversi, spesso di fortuna, facendo anche lunghi tratti a piedi. Per le donne è ancora più pericoloso e drammatico, perché sanno di essere esposte a ogni tipo di violenza, anche sessuale, da parte dei trafficanti ma anche degli stessi compagni di viaggio.

All'inizio si paga un trafficante, da cui si dipende completamente e alle cui direttive si deve sottostare, che è collegato a una lunga catena di collaboratori infidi, ognuno dei quali pretende di essere pagato di nuovo.

Il percorso più battuto per arrivare in Europa passa attraverso il Pakistan, dove di solito ci si ferma a lungo perché è necessario cercare un lavoro che permetta di pagarsi il viaggio. La tappa successiva, in cui si arriva senza documenti e con un'alta probabilità di essere rispediti brutalmente indietro, è l'Iran. Anche in questo caso, per essere portati fin qui, è necessario pagare i trafficanti. Poi bisogna nascondersi nei bagagliai di macchine e pullman oppure accovacciarsi sotto i sedili, stiparsi sui camion e percorrere tratti a piedi. E infine sottoporsi alle violenze di poliziotti che molto spesso rispediscono indietro i malcapitati, che però tenteranno e ritenteranno la sorte più volte.

I grandi trafficanti, quelli *veri*, stanno a Teheran, comodamente seduti nei loro uffici, a svolgere un lavoro apparentemente legale mentre, sottobanco, gestiscono tutti questi viaggi in cambio di alti guadagni.

Dopo l'Iran, si parte per la Turchia. Ci aspettano giorni di cammino che mettono a dura prova la nostra sopravvivenza. Gli zaini vanno riempiti di cibo, a discapito degli indumenti pesanti. Molti di noi muoiono nella traversata a piedi delle montagne tra Iran e Turchia, sia a causa di valanghe, sia del clima ancora troppo rigido, all'inizio della primavera, sia picchiati dalle forze dell'ordine o da gruppi di guerriglieri che si contendono il territorio.

La prima città che si incontra una volta entrati in Turchia è Van: da qui ci si deve dirigere verso Ankara e Istanbul, spesso a piedi, o con rischiosi passaggi sui camion. Qui iniziano nuovi problemi: spesso i ragazzi più giovani finiscono schiavi di trafficanti che fanno parte di questa perversa rete internazionale.

Negli ultimi anni, il patto tra l'Unione Europea e il governo turco ha complicato di molto il viaggio: oggi è più difficile e più lungo arrivare a destinazione, ma non impossibile, se si è in grado di pagare quattro volte di più rispetto a due anni fa. Le donne, poi, sono quelle più esposte ai pericoli: se vogliono proseguire devono prostituirsi e spesso diventano l'oggetto, il passatempo, dei trafficanti.

Quest'ultimo ponte verso l'Europa, la Turchia, è un paese molto esteso, quindi non è facile arrivare a un porto, che però è un passaggio obbligato per tentare di raggiungere la Grecia, sempre attraverso un'imbarcazione di fortuna. Per molti di noi la Grecia dovrebbe essere solo un territorio di passaggio, invece si rimane intrappolati lì a lungo. La città di Patrasso, uno dei porti principali per l'imbarco verso l'Italia, è completamente blindata.

Ecco che proprio alla fine, quando ti senti quasi alla meta, resta un breve tratto molto pericoloso: devi nasconderti sotto un tir, legandoti sopra il semiasse e rischiando perciò di venire stritolato. Oppure devi nasconderti dentro un camion per il trasporto alimentare, rischiando però di morire assiderato.

Il viaggio di un migrante spesso dura anni, è una lotta continua tra la vita e la morte. Il migrante sopporta sete e fame, affronta angherie di ogni tipo da parte di chi lo vuole sfruttare o uccidere, va incontro a fatiche fisiche e psicologiche e vive con il tormento di vedere morire i propri compagni. Una volta arrivato in Europa, si sente chiamare "clandestino". Perché? Perché non ha quel pezzo di carta che in Occidente si chiama documento d'identità, dove c'è scritto il proprio nome e cognome, il luogo e la data di nascita. Di conseguenza, il rifugiato non è nessuno, e si discute se respingerlo o meno. Allora si ritrova a pensare a quanto è sfortunato a non essere nato qui. Ma che merito hanno le persone a essere nate in Occidente?

Io ho avuto un'esperienza molto positiva di prima accoglienza e di integrazione, anche se preferisco dire *inclusione*. Mi sono sentito subito circondato da calore umano, mi è stata data fiducia e ho potuto coltivare il mio sogno di proseguire gli studi. Oggi sono sereno, anche se a volte, la notte, le mie ferite riappaiono nei sogni. Le esperienze drammatiche che ho vissuto fin da piccolo possono essere superate in solo in parte. E nonostante, come dicevo, mi senta completamente incluso, la sofferenza non se ne va mai del tutto, nemmeno con il passare degli anni.

Penso alle persone che stanno arrivando adesso: vanno incontro a tantissimi rifiuti e affrontano difficoltà di ogni tipo per essere riconosciute come esseri umani. Vorrei invitare voi lettori, grandi o piccoli, a fare leva sulla vostra sensibilità e umanità: non c'è nessun motivo, nessuna giustificazione, per trattare male chi è arrivato o arriva, rispendendolo al mittente come fosse un pacco indesiderato. La maggior parte dei rifugiati ha vissuto situazioni ancora peggiori della mia.

Il mio non è un manifesto politico: è un semplice invito all'umanità.

CARTA, PENNA E UNA TAZZA DI TÈ

ILLUSTRAZIONE DI GIOVANNI SCARDUELLI

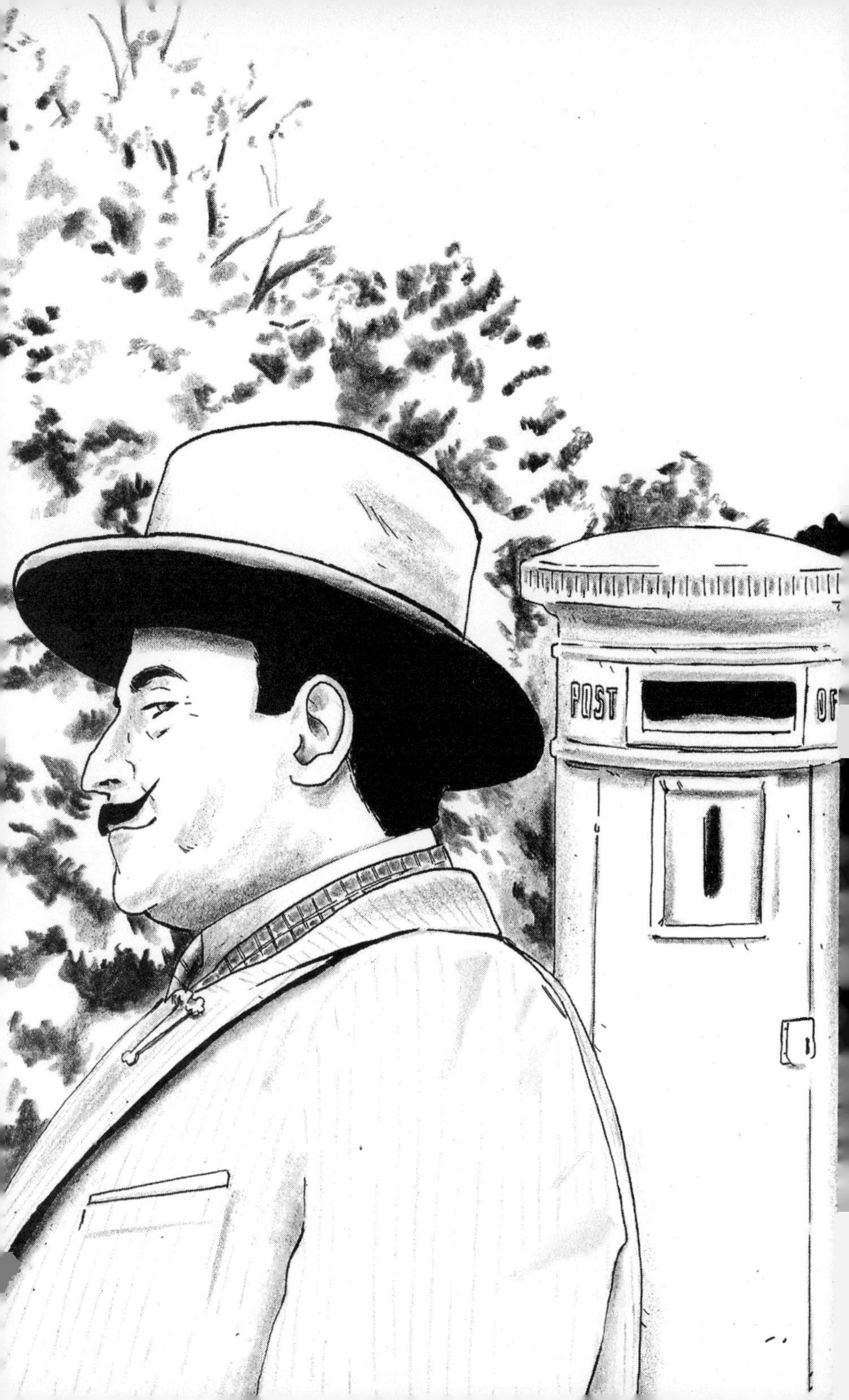
POST

Sono nato dentro la testa di una ragazza di ventiquattro anni.

Questa era l'età di Agatha quando mi ha inventato.

Come dite? Chi è Agatha? *Pardonne-moi*, Agatha Christie, naturalmente. Se chiedete ai vostri genitori chi è Agatha Christie, vi tireranno fuori dagli scaffali impolverati i suoi indimenticabili libri gialli.

Agatha è una scrittrice.

Una scrittrice di gialli.

No, *mes amis*, non intendo dire che colora di giallo i suoi libri, è evidente.

Gialli nel senso di storie del mistero.

Nei romanzi di Agatha si rubano smeraldi, belle fanciulle scompaiono su spiagge infuocate, qualcuno cade nelle grinfie dei cattivi. E ovviamente c'è sempre chi risolve i misteri. In alcuni romanzi trovate una vecchietta intraprendente di nome Miss Marple (che prepara delle torte buonissime), in altri invece ci sono io.

Oh, temo di non essermi ancora presentato.

Io mi chiamo Hercule Poirot.

È un nome che non si dimentica, vero?

HERCULE POIROT

A me piace molto il mio nome.

Mi piace il mio nome e, vi dirò, mi piacciono molto anche i miei baffetti.

Ci tengo tanto ai miei baffetti. Li pettino, ci metto la crema e poi li liscio delicatamente con le dita. Non esco mai di casa con i baffi in disordine.

Dicono che io abbia la testa a uovo, o almeno lo dice Agatha, ed è lei che mi ha inventato.

Sì, io non sono nato: io sono stato *inventato*.

Sono nato nella mente di Agatha. Perché le scrittrici inventano i personaggi. Ci sognano, ci fanno vivere un po' nella loro fantasia e dopo averci fatto ballare nella loro testa, prendono finalmente una penna e un foglio e ci danno la vita.

Quando sono nato, ero già grande. Già avevo la pancia, la mia testa a uovo, i miei baffi e i miei neuroni che lavoravano veloci nel cervello per aiutarmi a risolvere i misteri.

Ah, non vi ho detto bene di cosa mi occupo. Risolvo i misteri certo, ma non per gioco. Io sono un investigatore privato; le persone vengono da me e mi pagano per seguire tracce, cercare indizi, mettere in ordine tutto quello che è stato scompigliato.

Quando mi ha inventato, Agatha lavorava come infermiera.

Stava sempre in mezzo a medicine e veleni.

E quando non lavorava, leggeva.

Leggeva storie di mistero, naturalmente.

A furia di leggere, si è decisa a scrivere lei stessa un libro. Ha cominciato a pensare come doveva essere la sua storia, dove ambientarla e quali personaggi metterci...

Poco prima di incontrarmi nella sua testa, Agatha incontrò nel mondo reale un ragazzo belga. Un ragazzo belga scappato dal suo paese.

C'era in corso una grande guerra in Europa. E la gente, soprattutto chi viveva in Olanda e in Belgio, scappava perché era troppo pericoloso rimanere lì, con gli scoppi improvvisi, le case distrutte, la paura di perdere tutto. Per questo molti dal Belgio vennero in Gran Bretagna, la terra delle tazze da tè e dei dolci salati, per chiedere rifugio.

«Aiutateci» avevano gridato i belgi agli inglesi. E gli inglesi avevano risposto: «Siete i benvenuti. Vi salviamo noi!».

Così, nella cittadina di Torquay, mentre era a passeggio, Agatha incontrò il ragazzo belga.

In realtà incontrò moltissimi ragazzi e ragazze che erano scappati dal Belgio. (Erano migliaia in tutta l'Inghilterra e gli inglesi pensarono bene di sorridere a tutta questa gente che stava soffrendo.) Agatha offrì loro dove dormire, tanti dolcetti e una bella tazza di tè che fa sempre bene allo spirito.

HERCULE POIROT

A furia di incontrare belgi, Agatha decise che il personaggio del suo romanzo sarebbe stato proprio uno di quegli uomini in fuga dalla guerra.

«Ti chiamerò Hercule Poirot.»

E così fu.

Divenni il suo investigatore belga e rifugiato.

Mon dieu, devo ammettere che mi scambiano sempre per francese. Io amo la Francia, è un bel paese, per carità. Ma ci tengo a dire a tutti che sono belga e che la Gran Bretagna mi ha accolto. Sono rimasto lì, alla fine della guerra. Con il mio accento belga, mi sono sentito inglese, soprattutto alle cinque del pomeriggio, l'ora del tè.

Sono rimasto, ho risolto mille misteri e ho viaggiato moltissimo.

Sono stato sull'Orient Express, uno splendido treno che fa un viaggio lunghissimo, e ogni tanto me ne vado in Costa Azzurra, ma la maggior parte del tempo mi aggiro per Londra.

Certo, a volte mi capita di andare in questi villaggi inglesi pieni di fiori e alberi secolari…

La mia vita mi piace.

Mi vesto sempre bene.

Ho molti amici.

Alcuni un po' tonti come il capitano Hastings, ma simpatici.

La polizia si fida di me.

E i criminali mi temono.

L'unica cosa - ma non ditelo agli inglesi, si offenderebbero a morte - è che il cibo inglese non fa per me. Non è buono come quello di casa.

Il cibo di casa, del mio Belgio, aveva un tale profumino...

Qui hanno il *pudding*, che faccio fatica perfino a ingoiare.

Ma è normale, succede a tutti i rifugiati di avere tanta nostalgia di casa e del cibo che si mangiava nella propria cucina.

In Belgio le patate sono buonissime... Ma non divaghiamo oltre.

Ora io mi sono presentato.

E anche tutti gli altri, qui, lo hanno fatto.

Avete visto quante storie di persone straordinarie e coraggiose e quanti sogni sono racchiusi in questo libro?

Adesso avrei una proposta da farvi.

Perché non scrivete voi una storia?

Sono sicuro che anche voi, come Agatha, avete tanti bei personaggi che abitano nella vostra testa. E di persone come me, Hercule Poirot, ne vedete tante per strada, ogni giorno.

Nelle vostre città non ci sono più donne, uomini e bambini scappati dal Belgio, bensì dall'Iraq, dalla

Siria, dall'Eritrea, dalla Somalia, dalla Turchia. Tante persone che, come me, sono dovute scappare dalla propria casa.

E allora perché non scrivete voi la loro storia?
Scrivetela come vi pare.
Con le parole che più vi piacciono.
E se vorrete mandarmele, inviatele pure a questo indirizzo email: *superman@unhcr.org*. Sarò ben lieto di leggerle.
Allora, siamo d'accordo? *Très bien.*
Io non vedo l'ora di leggervi.
E, ora, *mes amis*, vi devo lasciare. Ho un mistero da risolvere e oggi non mi sono ancora sistemato i baffi. *Mon dieu*, li devo arricciare bene, benissimo! Hercule Poirot non esce mai di casa con i suoi baffetti in disordine.
A presto, amici.
Goodbye, my friends.
Au revoir, mes amis.

INDICE

Introduzione 5
   di Carlotta Sami

Gli uomini rondine 8
   di Flora Farina
Una nuvola fatta di note 24
   di Paolo Di Paolo
Sempre ti mancherà 32
   di Patrizia Rinaldi
Tutti i piedi tornio a parlarsi 42
   di Alessandro Raveggi
La terra vista dall'alto 58
   di Lilith Moscon
Di tenebra e luce 78
   di Davide Morosinotto
Il mondo capovolto 98
   di Michela Monferrini
I posti che siamo 112
   di Carlo Greppi
Il viaggio più lungo è diventare chi sei 124
   di Helena Janeczek
Un approdo sicuro 140
   di Francesco D'Adamo
Dentro la scatola magica 154
   di Igiaba Scego
Anche Superman era un rifugiato 168
   di Giuseppe Palumbo
Un semplice invito all'umanità 175
   di Alidad Shiri
Carta, penna e una tazza di tè 184